Im Juli 1941 hörte der in der Ortschaft Ponary (bei Wilna/Litauen) lebende polnische Journalist Kazimierz Sakowicz heftiges Gewehrfeuer in der Nähe seines Hauses. Instinktiv erkannte er, dass er Zeuge unfassbarer Ereignisse wurde – des beginnenden Massenmords an den litauischen Juden. Auf unzähligen Papierschnipseln notierte er akribisch seine Beobachtungen.
Die Deutschen waren im Juni 1941 in Litauen eingefallen, wo rund 250 000 Juden ansässig waren. Sechs Monate später lebten dort nur noch etwa 40 000. Allein in Ponary, wo eines der ersten provisorischen Vernichtungslager errichtet worden war, wurden zwischen Juni 1941 und Juli 1944 ca. 100 000 Menschen erschossen. Das Ganze geschah »unter tätiger Teilnahme litauischer Helfer zwar, aber in deutscher Verantwortung«.
Kurz vor der Befreiung Litauens wurde Sakowicz entdeckt und ermordet. Seine Notizen freilich hatte er rechtzeitig vergraben können. Sie wurden nach dem Kriege von jüdischen Überlebenden gefunden. Da schwer zu entziffern, lagerten sie, als »unleserlich« eingeschätzt, im Zentralarchiv Litauens, bis Rachel Margolis, selber Überlebende und Widerstandskämpferin, 1998 die Aufzeichnungen in mühevoller Kleinarbeit entschlüsselte und auf Polnisch veröffentlichte.

Rachel Margolis, geboren 1921, lebte von 1941 bis 1943 im Wilnaer Ghetto, wo sie sich den jüdischen Partisanen anschloss. Nach dem Kriege studierte sie Biologie und lehrte an der Universität von Wilna. Seit 1989 ist sie Mitarbeiterin am Jüdischen Museum Wilna. 1994 emigrierte sie nach Israel.
Jim G. Tobias, geboren 1953, Journalist. Er dreht TV-Dokumentationen und publiziert über die Zeit des Nationalsozialismus und über jüdische Geschichte nach 1945. Mitarbeiter des Nürnberger Instituts für NS-Forschung und jüdische Geschichte des 20. Jahrhunderts.

Unsere Adressen im Internet: www.fischerverlage.de
www.hochschule.fischerverlage.de

Die geheimen Notizen des K. Sakowicz

Dokumente zur Judenvernichtung in Ponary 1941–1943

Aus dem Polnischen übertragen
von Elisabeth Nowak

Herausgegeben
von Rachel Margolis
und Jim G. Tobias

Fischer Taschenbuch Verlag

Die Zeit des Nationalsozialismus
Eine Buchreihe
Herausgegeben von Walter H. Pehle

Eine Publikation des Nürnberger Instituts für NS-Forschung
und jüdische Geschichte des 20. Jahrhunderts e. V.

Durchgesehene Auflage
Veröffentlicht im Fischer Taschenbuch Verlag,
einem Unternehmen der S. Fischer Verlag GmbH,
Frankfurt am Main, Oktober 2005

Die Aufzeichnungen von Kazimierz Sakowicz wurden
von Dr. Rachel Margolis entschlüsselt und bearbeitet.
Der Übersetzung liegt die von ihr 1999 in Bydgoszcz (Bromberg)
unter dem Titel »Dziennik – Pisany w Ponarach« herausgegebene Publikation zugrunde.

Druck und Bindung: Druckerei C. H. Beck, Nördlingen
Printed in Germany
ISBN 3-596-16607-1

Inhaltsverzeichnis

Zur Erinnerung an die Ermordeten von Ponary

insbesondere

Emma, Samuel und Josef Margolis

Vorwort

Das Tagebuch des polnischen Journalisten Kazimierz Sakowicz gehört zu den wenigen noch unbekannten Dokumenten, welche die unvergleichlichen Verbrechen des Nationalsozialismus in Osteuropa belegen. Auf unzähligen Zetteln und Papierschnipseln – die kleinsten gerade mal 4,9 x 5,5 cm groß – beschrieb Sakowicz über Jahre hinweg die Massenerschießungen der Juden von Wilna – litauisch (lit.) Vilnius –, die tagtäglich in seinem Heimatdorf Ponary – lit. Paneriai –, unmittelbar vor seiner Haustüre, stattfanden. Anfänglich notierte der Journalist seine Beobachtungen eher emotionslos und distanziert, jedoch stets mit Interesse. Schon bald ist in den Aufzeichnungen aber das unheimliche Grauen, das den Chronisten immer mehr bedrückte, auch für den Leser deutlich spürbar.

Über ein halbes Jahrhundert war das einzigartige Zeugnis über diesen von Deutschen geplanten und organisierten Judenmord hierzulande – auch in Historikerkreisen – nahezu unbekannt. Erst der engagierte Einsatz der Holocaust-Überlebenden und jüdischen Widerstandskämpferin Dr. Rachel Margolis, die 1998 die vergilbten, beinahe unleserlichen Blätter in mühevoller Kleinarbeit entschlüsselt hatte, entriss die erschütternden Dokumente dem Vergessen. Mit der erstmaligen kompletten Veröffentlichung der Notizen von Kazimierz Sakowicz im Jahre 1999 setzte die gebürtige Wilnaerin den zehntausenden von ermordeten namenlosen Kindern, Frauen und Männern ein bleibendes Denkmal.

Sakowicz' Tagebuch beginnt am 11. Juli 1941 und endet am 6. November 1943. Die meist schnell hingeworfenen Notizen und teilweise schwer zu entziffernden Sätze sind mit Abkürzungen, Streichungen sowie teilweise nur angedeuteten Sachverhalten gespickt. Zusätzlich tauchen unbekannte Namen, Örtlichkeiten, Begriffe und Vorgänge auf, die trotz intensiver Recherchen nicht immer zu erklären waren. Das erschwerte zwangsläufig nicht nur die Übertragung ins Deutsche. Es ergab sich daher die Notwendigkeit, dem Dokument gelegentlich kurze Erläuterungen mittels Fußnoten beizufügen bzw. bei unverständlichen Textzeilen Anmerkungen einzuschieben. Diese Ergänzungen sind mit eckigen Klammern gekennzeichnet.

In der von Dr. Rachel Margolis vorgelegten polnischen Veröffentlichung – der diese Übersetzung zugrunde liegt – sind die Aufzeichnungen gemäß dem im Litauischen Nationalarchiv bzw. dem Jüdischen Museum Wilna angewandten Archivsystem editiert. Aus Gründen der besseren Lesbarkeit haben sich Übersetzerin und Herausgeber jedoch entschlossen, die Notizen chronologisch zu ordnen, wie wir auch die unterschiedliche Schreibweise der Daten vereinheitlicht haben. Klammersetzung, Anführungszeichen und Interpunktion wurden jedoch nicht verändert. Einzelne Fachbegriffe – die in den Fußnoten erklärt werden – sind kursiv gesetzt.

Sakowicz' Tagebuch weist deutliche Lücken auf. Einige Massenexekutionen wie beispielsweise das Jom-Kippur-Massaker vom 1. Oktober 1941, bei dem 3 900 Wilnaer Juden an der Mordstätte Ponary umgebracht wurden, sind nicht dokumentiert. Auch das abrupte Ende der Aufzeichnungen im November 1943 bleibt rätselhaft. Es erscheint jedoch als eher unwahrscheinlich, dass der Chronist über manche Zeiträume und Vorfälle kein Zeugnis ablegen wollte oder konnte. Denkbar ist vielmehr, dass diese Teile des Tagebuchs entweder verloren gegangen sind oder noch nicht gefunden wurden. Nicht auszuschließen bleibt auch, dass die Notizen den deutschen Nazis in die Hände fielen bzw. nach dem Krieg von den litauischen Mördern vernichtet wurden.

Vier Jahre nach der Veröffentlichung in der polnischen Originalsprache liegt nunmehr – fast sechs Jahrzehnte nach Niederschlagung der NS-Herrschaft – eine schon lange überfällige komplette Edition der Notizen von Kazimierz Sakowicz in deutscher Sprache vor. Diese Publikation ist die erste und bislang einzige von Dr. Rachel Margolis autorisierte fremdsprachige Ausgabe des Tagebuchs.

Nürnberg, im Oktober 2003

Jim G. Tobias, Elisabeth Nowak

Familie Friedman-Katz aus Wilna feiert das letzte gemeinsame Pessach-Fest. Chava Mina und Feivel Friedman (3. und 4. von links) wurden während der Liquidation des kleinen Ghettos Wilna in ihrem Versteck entdeckt und vermutlich in Ponary ermordet. Fruma, Basia und Mayer (1., 2. und 5. von links) überlebten das Konzentrationslager Theresienstadt. Fotoarchiv: USHMM, Washington (D. C.), USA.

Einführung

Von Dr. Rachel Margolis

Die kleine Ansiedlung Ponary liegt in einem Waldgebiet etwa zehn Kilometer von der litauischen Hauptstadt Wilna entfernt. Sie war bis Ende der 30er Jahre ein beliebter Erholungsort. Neben der Fernstraße nach Grodno führte auch eine wichtige Bahnlinie an der Ortschaft vorbei.[1] »Die Station Ponary passierten Züge aus dem Generalgouvernement ebenso wie Fernzüge von Berlin nach der Front und umgekehrt, Lokalzüge aus Kowno, Nahverkehrs- und Pendlerzüge von und nach Wilna«[2], schrieb der polnische Schriftsteller Jozef Mackiewicz in seiner dokumentarischen Erzählung *Der Stützpunkt Ponary*.

Ponary lag verkehrsgünstig und war mit dem Auto oder der Bahn gut zu erreichen. Deshalb begannen die sowjetischen Behörden 1940 dort ein großes Nachschublager für Heizöl zu errichten. Sie ließen mehrere Gruben mit bis zu 32 Meter Durchmesser und 5 bis 8 Meter Tiefe ausheben, um darin später riesige Tanks einzubauen.[3] Die einzelnen Baugruben waren durch schmale Gänge, in denen Rohre verlegt werden sollten, miteinander verbunden. Sie befanden sich auf einem etwa 5 000 Quadratmeter großen Gelände, das mit einem »festen Zaun und Stacheldraht«[4] umgeben und durch ein Haupt- sowie ein Nebentor zugänglich war. Doch bevor das Projekt beendet werden konnte, griff Nazi-Deutschland die Sowjetunion an und der Rohbau fiel in die Hände der deutschen Besatzungsmacht.

Von Juli 1941 bis Juli 1944 wurden in den Gruben zehntausende von Juden aus Wilna und Umgebung, zahlreiche sowjetischen Kriegsgefangene, polnische Widerstandskämpfer und andere Einwohner ermordet; insgesamt etwa 100 000 Menschen. Die Mehrheit von ihnen, nämlich rund 70 000, waren jüdische Frauen, Männer und Kinder. Die Opfer wurden gruppenweise zu Fuß, mit Last- und Personenwagen oder mit der

1 Israel Gutman (Hg.), Enzyklopädie des Holocaust, Berlin 1993, S. 1155. Helena Pasierbska, Wilenskie Ponary, Gdansk 1996, S. 17 f.

2 Jozef Mackiewicz, Der Stützpunkt Ponary, in: Wolfgang Benz/Marion Neiss (Hg.), Judenmord in Litauen, Berlin 1999, S. 169.

3 Elzbieta Alabrudzinska, Eksterminacja ludnosci zydowskiej w Ponarach (1941–1943), in: Studien und Skizzen zur Geschichte der Juden im Ostseeraum, Zenon Hubert Nowak (Hg.), Torun 1998, S. 185.

4 Mackiewicz, Der Stützpunkt Ponary, S. 167.

Bahn auf das »Stützpunktgelände« – so bezeichneten die NS-Henker die Hinrichtungsstätte, um den Anschein zu erwecken, es gäbe in Ponary ein Arbeitslager – gebracht und dann von litauischen Kollaborateuren sowie von deutschen SS- und Polizeieinheiten erschossen.[5]

Mit diesem Buch liegt erstmals eine detaillierte Beschreibung dieses kaum bekannten Massenmordes in deutscher Übersetzung vor. Vor vier Jahren wurden die Aufzeichnungen des polnischen Journalisten Kazimierz Sakowicz erstmals vollständig in der Originalsprache (und Muttersprache des Verfassers) veröffentlicht.[6] Dieses Dokument ist ein erschütterndes Zeugnis. Es beschreibt die Grausamkeiten der Nazis und ihrer Helfershelfer – den letzten Weg tausender unschuldiger Männer, Frauen und Kinder, ihr Martyrium und ihren Tod.

Kazimierz Sakowicz wohnte zusammen mit seiner Frau in einem Häuschen mit Garten in der Gemeinde Ponary. Im Juli 1941 bemerkte er eine Schießerei in der Nähe seines Hauses und erkannte instinktiv, dass er Zeuge außergewöhnlicher Ereignisse wurde; er begann alles, was er sah und hörte, in allen Einzelheiten aufzuschreiben. Da es ihm an Schreibpapier fehlte, notierte er seine Beobachtungen auf herausgerissenen Seiten von Schulheften, kleinen Zetteln und auf den Rand eines russisch-litauischen Kalenders von 1941. Seine geheimen Aufzeichnungen steckte er in Limonadenflaschen, die er mit einem Stöpsel luftdicht verschloss und in seinem Garten sowie im nahe gelegenen Wald vergrub.

Am 11. Juli 1941 begann Sakowicz mit seinen Aufzeichnungen. An diesem Tag wurde er Zeuge der ersten Massenhinrichtung. Fortan beobachtete er die grausamen Geschehnisse von seinem Versteck auf dem Dachboden seines Hauses aus. Er erkundigte sich bei Nachbarn, befragte Bahnangestellte und Bauern, die den letzten Besitz der Getöteten gekauft

5 Gutman (Hg.), Enzyklopädie des Holocaust, S. 1155. Pasierbska, Wilenskie Ponary, S. 17 f.

6 Die Autorin gab das Tagebuch 1999 in einem kleinen polnischen Verlag heraus. Dziennik – Pisany w Ponarach od 11 Lipca 1941 r. do 6 Listopada 1943 r., Bydgoszcz (Bromberg) 1999. Auszüge aus dem Tagebuch wurden bereits 1959 in der Warschauer Zeitung »Folks Sztime« abgedruckt und erschienen 1977 unter dem Titel »Ka osia Paneriu Pusys« in Buchform in Wilna. Reuben Ainsztein, Jüdischer Widerstand im deutschbesetzten Osteuropa während des Zweiten Weltkrieges, Oldenburg 1993, S. 496, Anmerkung 16. Sara Neshamit, The History and Polemics of the Relation between the Jews and the Lithuanians during World War II, in: Yisrael Gutman/Gideon Greif (Hg.), The Historiography of the Holocaust Period, Jerusalem 1988, S. 302, Anmerkung 39.

hatten, und er sprach sogar mit den litauischen Mördern, den »Szaulisi«[7] genannten Mitgliedern der einheimischen Freiwilligenverbände. Soweit es ihm möglich war, notierte er die Zahl der zur Erschießung geführten Menschen, dokumentierte die Kennzeichen der Fahrzeuge, mit denen die Leute zur Hinrichtung gebracht worden waren und beschrieb die Uniformen der Schergen, das Aussehen der Opfer, ihre Kleidung sowie ihre Habseligkeiten, die nach dem Tod von den Mördern verkauft wurden. Das Führen des Tagebuches wurde zu seinem Lebensinhalt, ganze Tage verbrachte er mit dem Sammeln von Informationen. Wer waren die Opfer? Von wo aus hatte man sie zur Hinrichtung geführt? Diese quälenden Fragen ließen ihn nicht mehr los.

Der 1894 geborene Sakowicz hatte in Moskau Jura studiert und war anschließend nach Wilna zurückgekehrt. Hier arbeitete er als Journalist, er war Besitzer einer Druckerei und Herausgeber der Wochenzeitung *Przegląd Gospodarczy* (Wirtschaftsrundschau). Während der deutschen Besatzung gehörte Sakowicz der polnischen Untergrundarmee AK – Armia Krajowa an. Am 5. Juli 1944 wurde er auf einem Waldweg von unbekannten Litauern angeschossen und dabei schwer verwundet. Zehn Tage später erlag der Journalist seinen Verletzungen.[8]

War es ein von langer Hand geplanter Anschlag? Bereits am 4. November 1943 bemerkte Sakowicz, dass die Litauer womöglich Verdacht geschöpft hatten. Er schrieb: »Ich konnte das nicht mehr lange beobachten, weil ich fürchtete verdächtigt zu werden. Sie gucken mich sowieso misstrauisch an.« War sein Tun entdeckt worden? Wurde er bedroht? Sein Tagebuch endet jedenfalls am 6. November 1943; an diesem Tag schrieb er seine letzten überlieferten Zeilen nieder. Über die weiteren Geschehnisse in Ponary – bis zu Sakowicz' Tod am 15. Juli 1944 – wurden bislang keine von ihm verfassten Notizen gefunden. Gleichzeitig weisen die Aufzeichnungen für den Zeitraum von Juli 1941 bis November 1943 immer wieder deutliche Lücken auf. Sind diese Dokumente noch nicht gefunden worden, oder haben die Täter sie rechtzeitig vernichtet? Sakowicz' Ehefrau Maria glaubte jedenfalls fest daran, dass ihr Mann bis zu seinem Lebensende an dem Tagebuch geschrieben hat.

7 Szaulisi (litauisch für Schützen), Mitglieder der nationalistischen paramilitärischen Organisation Lietuvos Szauliu Sajunga (Verband der litauischen Schützen). Litauische Freiwillige, die mit den Nazis kollaborierten.

8 Sakowicz' biografische Daten basieren auf dem von Jan Malinowski verfassten Lebenslauf. In: Dziennik – Pisany w Ponarach, S. 42 ff.

Die vorliegenden Papiere wurden nach der Befreiung Wilnas durch die Rote Armee von jüdischen Historikern gefunden, die sie zunächst dem Jüdischen Museum Wilna übergaben. Nachdem diese Einrichtung 1949 von den sowjetischen Behörden aufgelöst worden war, kamen die Notizen Sakowicz' zusammen mit anderen Dokumenten ins Zentralarchiv Litauen. Heute befinden sich Teile des Tagebuchs im Litauischen Nationalmuseum sowie im 1989 wiedergegründeten Jüdischen Museum Wilna.

Anfang der 90er Jahre wurde Mitarbeitern des Jüdischen Museums Wilna Einsicht in die Sakowicz-Dokumente ermöglicht. Zu diesem Zeitpunkt arbeitete ich, Dr. Rachel Margolis, dort als Leiterin der Abteilung für Geschichte und wurde mit der Redaktion und Edition des Tagebuches beauftragt. Mit großer Mühe gelang es mir, die vergilbten Blätter zu entschlüsseln – der Bestand war mit dem Stempelaufdruck »unleserlich« versehen.

Beim Entziffern und Bearbeiten des Tagebuches lieferten mir die Aufzeichnungen des polnischen Journalisten Herman Kruk[9] sehr wertvolle Informationen. Als weitere wichtige Quellen dienten mir Zeugenaussagen, Tagebücher oder Publikationen zeitgenössischer Autoren sowie Dokumente des Litauischen Zentralarchivs und des Jüdischen Museums in Wilna. Zu den Unterlagen, die ich als Mitarbeiterin des Jüdischen Museums Wilna seit 1989 zusammentrug, gehörte gleichfalls die akribische Todesliste des Kommandeurs des Einsatzkommandos 3 und späteren Chefs der Sicherheitspolizei in Litauen Karl Jäger.

Auch ich kann mich an die schrecklichen Ereignisse in Wilna erinnern, denn ich lebte während der gesamten NS-Besatzung in der Stadt oder in der angrenzenden Region. Schon im Ghetto schloss ich mich der jüdischen Widerstandsbewegung F. P. O. (Fareinikte Partisaner Organisatzije) an und kämpfte später in einer russischen Partisaneneinheit, die in der Gegend um den Narocz-See sowie im Rudniki-Wald tätig war.

9 Herman Kruk (1897–1944) ging als Chronist des Ghettos von Wilna in die Geschichte ein. Sein auf Jiddisch geschriebenes Tagebuch schildert den Überlebenskampf und die kulturellen Aktivitäten der Juden in Wilna. Die erste Eintragung in sein Tagebuch erfolgte am 23. Juni 1941, die letzte am 14. Juli 1943. Er versteckte mehrere Exemplare seiner Aufzeichnungen an verschiedenen Orten. Kruk wurde im September 1944 in einem Konzentrationslager in Estland ermordet. Eine Kopie seiner Aufzeichnungen fand man nach dem Krieg und übergab sie dem YIVO Institute for Jewish Research in New York. Vgl. Herman Kruk, Togbuch fun wilner geto, Nju-Jork 1961 (jiddisch). Ders., The Last Days of the Jerusalem of Lithuania: Chronicles from the Vilna Ghetto and the Camps; 1939–1944, New Haven/London 2002.

Mit Hilfe des Tagebuchs von Kazimierz Sakowicz und dem oben erwähnten Material konnte ich die entsetzlichen Geschehnisse in Ponary und Wilna während des Zweiten Weltkrieges sowie den letzten Weg der Opfer zu ihrer Hinrichtung rekonstruieren.

Am 1. September 1941 wurden in der Stadt Wilna tausende von Juden u. a. aus der Gaon-, Szklana-, Szawelska- und Straszunstraße zusammengetrieben. Aus dem Fenster einer Wohnung in der Trockastraße sah ich in der Nacht eine endlose Kolonne von Menschen – Kinder, Greise, Frauen mit Babys auf dem Arm, mit Bündeln, Töpfen, Eimern, Kissen – eine schreckliche graue Masse, die kein Ende nahm. Niemand wusste zunächst, wohin man die Menschen trieb und was mit ihnen geschehen sollte. Herman Kruk schrieb am 4. September 1941 ungläubig in sein Tagebuch: »Alle, die man von hier abtransportiert hat, sollen ermordet worden sein, erschossen in Ponary?«[10] Doch erst Sakowicz konnte das Schicksal der Verschleppten aufklären. Er beobachtete am 2. September 1941, wie in Ponary eine zwei Kilometer lange Kolonne von Menschen zur Hinrichtungsstelle zog und notierte: Es waren »4 000 Personen, ... die anderen behaupten, es waren 4 875 – lauter Frauen, viele Babys. Als sie von Grodzienka (Landstraße nach Grodno) in den Weg zum Wald einbogen, begriffen sie, was sie erwartete und schrieen: ›Rettet uns‹.«

Die Hinrichtung wurde von Karl Jäger angeordnet. In seinem geheimen Bericht bestätigte er, dass an diesem Tag »8–10 bewährte Männer« des Einsatzkommandos 3 und die ihm unterstellten litauischen Hilfskräfte 3 700 Juden (864 Männer, 2 019 Frauen, 817 Kinder) getötet hatten.[11] Die 16-jährige Pesia Szlos und die 11-jährige Judyta Trojak überlebten dieses Massaker. Sie wurden durch Schüsse verletzt, stellten sich tot und konnten später nach Wilna entkommen. Die beiden Mädchen wurden im jüdischen Krankenhaus versorgt, in dem mein Vater, Dr. Samuel Margolis, tätig war. Sie erzählten ihm, dass sie sich ins Dorf geschleppt hätten, wo sie von einer polnischen Frau gewaschen worden seien. Anschließend habe die Polin ihnen zu trinken gegeben und sie in die Stadt begleitet. Litauer, die

10 Herman Kruk, Bibliothekar und Chronist im Ghetto Wilna, in: R. Dehmlow (Hg.), Laurentius Sonderheft – Von Menschen, Büchern und Bibliotheken, Hannover 1990, S. 76.

11 Jäger-Bericht, Gesamtaufstellung der im Bereich des EK 3 bis zum 1. Dezember 1941 durchgeführten Exekutionen vom 1. Dezember 1941. Nach der von SS-Standartenführer und Kommandeur der Sicherheitspolizei und des SD Litauen, Karl Jäger, angefertigten Aufstellung wurden bei zwischen dem 4. Juli und dem 1. Dezember 1941 durchgeführten Exekutionen insgesamt 137 346 Juden erschossen.

ein Deutscher befehligt habe, hätten die Leute erschossen. Die Mädchen berichteten weiter, dass man den Opfern die Augen verbunden habe.

Doch bei der Mehrheit der Ghetto-Bewohner stießen solche Schreckensnachrichten zunächst auf Unglauben. »Schließlich ... befinden wir uns in Europa und nicht im Dschungel. Sie können uns doch nicht alle umbringen«, meinten sie.[12] Dr. Dvorjetski, ein jüdischer Arzt aus Wilna, berichtete von einer Frau, die bei den Erschießungen davongekommen war. Diese Überlebende erzählte ihm, dass sie nur leicht verletzt worden sei und auf wundersame Weise aus der Todesgrube habe entkommen können. »Ich sah die Wahrheit über Ponar vor mir«, gab der Mediziner später als Zeuge im Eichmann-Prozess in Jerusalem zu Protokoll. »Ich ging auf die Straße hinaus und sagte den Leuten, was ich über Ponar gehört hatte. Man sagte zu mir: ›Doktor, machst du auch schon Panik? Anstatt uns zu trösten, erzählst du uns Greuelmärchen!‹«[13]

Die Menschen konnten es sich nicht vorstellen, dass die Kulturnation Deutschland alle Juden töten wollte; sie waren fest davon überzeugt, dass Ponary ein Arbeitslager sei. Erst als die jüdischen Widerstandskämpfer um Abba Kovner im Januar 1942 ihren berühmten Aufruf »Laßt uns nicht zur Schlachtbank gehen wie Schafe!« veröffentlicht hatten, setzte sich bei den Bewohnern des Ghettos Wilna langsam die grausame Wahrheit durch. »Wo sind die von der Polizei verhafteten vielen Hundert Männer, die angeblich irgendeine Arbeit tun sollten?«, fragten die jüdischen Partisanen. »Diejenigen, die aus dem Ghetto weggebracht wurden, werden niemals zurückkehren, denn alle Wege der Gestapo führen nach Ponary. Und Ponary heißt Tod!«[14]

Zu diesem Zeitpunkt waren nur noch 20 000 der ehemals 80 000 Bewohner von Wilna am Leben. Im Herbst 1943 begannen die Deutschen, die Spuren der Mordtaten von Ponary zu vertuschen. Sie zwangen eine Gruppe von 80 Männern (Juden und sowjetische Kriegsgefangene) die Leichen auszugraben, zu verbrennen und die Asche im Wald zu verstreuen. Motke Seidel, ein ehemaliges Mitglied dieser Gruppe, der heute in Israel wohnt, erzählte mir, man habe ihn nach der Auflösung des Ghettos in Wilna in seinem Versteck gestellt und nach Ponary gebracht. Der Trupp sei aufgeteilt worden: Die einen hätten die Leichen ausgegraben, ein Spezialist die goldenen Zähne entfernt, andere hätten die toten Körper zusammen mit Holzstämmen in Pyramidenform aufgetürmt – aus jedem Stapel ragte

12 Gideon Hausner, Die Vernichtung der Juden, München 1979, S. 262.
13 Ebd.
14 Ainsztein, Jüdischer Widerstand im deutschbesetzten Osteuropa, S. 237.

ein Rohr für die Luftzufuhr heraus. Die jeweils aus ca. 3500 Leichen errichteten 4 bis 5 Meter hohen Scheiterhaufen habe man mit Petroleum begossen und angezündet. Danach sei die Asche gesiebt worden. Nicht verbrannte Knochenstücke hätten sie klein schlagen und durch ein Sieb passieren müssen, damit nichts zurückbliebe.

Vom ersten Tag an waren sich die Männer des Leichenkommandos bewusst, dass sie nach Beendigung ihrer Arbeit erschossen werden würden. Da die Wachmannschaften oft betrunken waren, planten die Gefangenen, die Unaufmerksamkeit während dieser Zeit auszunutzen, und bereiteten ihre Flucht aus Ponary vor. In der Nacht vom 14. auf den 15. April 1944 war es so weit. Es gelang ihnen, durch einen heimlich gegrabenen Tunnel aus ihrem bunkerartigen Erdloch, in das sie jede Nacht eingesperrt wurden, zu entkommen. Sie wurden jedoch entdeckt und die Wachen eröffneten das Feuer. Viele wurden erschossen. Einige rannten in Richtung des Dorfes, wo ein Pole ihnen eine Landkarte der Umgebung gab. Damit konnten sich elf Männer zu den Partisanen in den Wäldern um den Narocz-See durchschlagen oder einen Weg in den Rudniki-Wald finden, um sich dort zu verstecken. Ich kann mich noch genau erinnern, als sie bei uns in den Wäldern ankamen: Sie boten einen erschreckenden Anblick. Die Männer stanken entsetzlich, waren aber gut gekleidet, denn in Ponary gab es immer reichlich Jacken und Hosen – viele Opfer wurden vor ihrer Hinrichtung gezwungen sich zu entkleiden. Wir glaubten, auch noch nach Monaten den Leichengeruch an den Körpern der Überlebenden zu riechen.[15]

Die letzten Hinrichtungen in Ponary fanden zwischen dem 2. und 7. Juli 1944 statt. In diesen Tagen lösten die Deutschen die letzten beiden in Wilna bestehenden Zwangsarbeiterlager[16] Heereskraftfahrzeugpark und Pelzfabrik Kailis auf und trieben rund 2000 jüdische Gefangene zu

15 Vgl. Rozka Korczak, Jüdische Kämpfer in den Wäldern von Rudniki/Litauen, in: Arno Lustiger, Zum Kampf auf Leben und Tod! Vom Widerstand der Juden 1933–1945, Köln 1994, S. 299 f. Einige Berichte von Überlebenden des Leichenkommandos, darunter die Aussage von Motke Seidel, befinden sich im Jüdischen Museum Wilna. Auch in dem Dokumentarfilm Shoah von Claude Lanzmann schildern Motke Seidel und sein Leidensgefährte Isaak Dogim, wie sie die Leichen ausgraben mussten. Dabei fanden sie u. a. ihre ermordeten Angehörigen. Claude Lanzmann, Shoah, Düsseldorf 1986, S. 27 ff.

16 Ab September 1943 wurden 1500 Juden aus dem Ghetto Wilna in Baracken auf dem Gelände des Heereskraftfahrzeugparks, genannt ZAL (Zwangsarbeiterlager) Wilna, verlegt. Weitere 1500 Juden mussten in der Pelzfabrik Kailis Zwangsarbeit verrichten. Knut Stang, Kollaboration und Massenmord. Die litauische Hilfspolizei, das Rollkommando Hamann und die Ermordung der litauischen Juden, Frankfurt/M. 1996, S. 90.

der Massenexekutionsstätte, wo sie am selben Tag erschossen wurden.[17] Neben den vielen tausenden von anderen unschuldigen Menschen kamen in Ponary auch Mitglieder meiner Familie ums Leben: meine Eltern Emma und Samuel Margolis sowie mein Bruder Josef. Unter den Leichen fand man auch die sterblichen Überreste von Doktor Hilari Feigus, dem jüdischen Arzt aus dem Arbeitslager in der Pelzfabrik Kailis, den auch Sakowicz in seinen Aufzeichnungen erwähnt. Dr. Feigus war eines der wenigen von rund einhunderttausend Opfern, das später identifiziert und in einem eigenen Grab beigesetzt wurde.

Am 18. August 1944 begann die sowjetische »Kommission für die Erforschung der Massenmorde der Bevölkerung in Ponary in der Zeit von 1941–1944« (Komisja do Badania Masowych Mordów Ludności w Ponarach w latach 1941–44) ihre Arbeit. Ihre Mitglieder waren höhere Offiziere der weißrussischen Front der Sowjetarmee, der Anatomie- und Pathologieprofessor der Universität Wilna Stanislaw Mahrburg, ein Medizinsachverständiger und andere. In den Massengräbern fand man hunderte von Leichen, Überreste von verbrannten Knochen und zahllose Gebissprothesen. Es wurde festgestellt, dass die Getöteten größtenteils Juden waren. Eine kleinere Zahl der Opfer waren Polen und Russen – man fand bei ihnen Gegenstände, die auf die Angehörigkeit zu einer christlichen Glaubensgemeinschaft hinwiesen.

Rechovot, im Oktober 2003

17 Nach Recherchen Stangs sollen bei der Auflösung der Zwangsarbeiterlager 4900 – von insgesamt 5500 jüdischen Gefangenen – in Ponary erschossen worden sein. Die übrigen Zwangsarbeiter sollen zunächst nach Kowno und von dort ins Reichsgebiet verschleppt worden sein. Ebd., S. 108.

Eine der Baugruben für das geplante Brennstofflager im Wald von Ponary, die von den deutschen Besatzern als Hinrichtungsstätte benutzt wurde. Fotoarchiv: USHMM, Washington (D. C.), USA.

Die Massenexekutionsstätte Ponary bei Wilna 1941–1944

Von Jim G. Tobias

»Ponary wurde in diesem Krieg zum Inbegriff eines bisher nicht gekannten Grauens. Der Klang dieser sechs Buchstaben mit dem Ypsilon am Schluß ließ so manchen erstarren. Ihr finsterer, widerlicher Ruhm sickerte seit dem Jahre 1941 langsam, wie klebrig rinnendes menschliches Blut, immer weiter, immer weiter durch das Land und von Land zu Land, doch die ganze Welt hat er noch nicht erfaßt, bis heute nicht.«[1] Mit diesen eindringlichen Zeilen beschreibt Jozef Mackiewicz die litauische Massenexekutionsstätte. Seine dokumentarische Erzählung *Der Stützpunkt Ponary* wurde schon unmittelbar nach dem Krieg erstmals in der polnischen Exilzeitschrift *Orzeł Biały* in London veröffentlicht.[2]

Bereits am 4. Juli 1941, knapp zwei Wochen nachdem die Wehrmacht die Grenze zur Sowjetunion überschritten hatte, sind von den deutschen Besatzern angeordnete und durchgeführte Erschießungen in Ponary dokumentiert. Dabei wurden 54 Juden getötet; in den darauf folgenden Tagen ging das Morden weiter, sodass innerhalb eines Zeitraums von weniger als einer Woche insgesamt 321 Personen ihr Leben verloren.[3] Bis zur Befreiung Wilnas durch die Rote Armee am 13. Juli 1944 wurden an der Hinrichtungsstätte ca. 100 000 Menschen durch deutsche SS- oder Polizeieinheiten sowie unter ihrem Befehl stehende litauische Kollaborateure erschossen.[4]

Insbesondere im deutschsprachigen Raum liegen meines Wissens kaum Veröffentlichungen, geschweige denn systematische Untersuchungen über Ponary vor. So führt etwa die renommierte *Enzyklopädie des Holocaust* den »Schlachthof für Menschen«[5] lediglich mit einem knappen Eintrag auf. Dagegen dokumentiert die Publikation *»Schöne Zeiten« – Judenmord*

1 Mackiewicz, Der Stützpunkt Ponary, S. 167.

2 Elzbieta Alabrudzinska, Eksterminacja ludnosci zydowskiej w Ponarach (1941–1943) in: Studien und Skizzen zur Geschichte der Juden im Ostseeraum, Zenon Hubert Nowak (Hg.), Torun 1998. Die Ermordung der jüdischen Bevölkerung in Ponary, unveröffentlichte deutsche Übersetzung, S. 1. Akte Ponary I, Archiv des Nürnberger Instituts für NS-Forschung (nurinst-archiv).

3 Ebd., S. 4.

4 Gutman, Enzyklopädie des Holocaust, S. 1155.

5 Alabrudzinska, Die Ermordung der jüdischen Bevölkerung in Ponary, S. 6.

aus der Sicht der Täter und Gaffer gleich drei Zeugenaussagen von deutschen Soldaten, die eines der ersten Massaker in Ponary beobachtet hatten.[6] Auch Knut Stangs ansonsten umfangreiche Untersuchung *Kollaboration und Massenmord* über die Massaker des berüchtigten deutsch-litauischen »Rollkommando Hamann« behandelt die Vorgänge in und um Ponary lediglich am Rande.[7] Eine Ausnahme bildet die 1999 vorgelegte Aufsatzsammlung *Judenmord in Litauen*: In mehreren Beiträgen werden die Vorgänge in Ponary schlaglichtartig thematisiert. Außerdem wird das wichtige »dem Genre nach literarische, aber historisch vollkommen authentische Zeugnis«[8], die bereits erwähnte Erzählung *Der Stützpunkt Ponary*, dem deutschen Leser vorgestellt. Zeitgleich mit Redaktionsschluss dieses Buches erschien im Oktober 2003 der umfangreiche Aufsatzband *Holocaust in Litauen – Krieg, Judenmorde und Kollaboration im Jahre 1941*. Hier fasst Christina Eckert unter dem Titel *Die Mordstätte Paneriai (Ponary) bei Vilnius* in einer kurzen Überblicksarbeit erstmals die spärlichen Quellen sowie die Literatur hinsichtlich der in Deutschland kaum bekannten Mordstätte zusammen.[9] Dennoch bleibt festzustellen: Die Massenexekutionen von Ponary sind in der deutschen NS-Forschung weitgehend »terra incognita«.

Die Geschichte Litauens

Litauen, das südlichste der drei baltischen Länder, wurde im 13. Jahrhundert als eigener Staat gegründet und erstreckte sich bei seiner größten Ausdehnung von der Ostsee bis zum Schwarzen Meer. Zum Ende des 14. Jahrhunderts schloss sich Litauen mit Polen zusammen. Ab 1795 gehörten beide Länder zu Russland; sie existierten erst ab 1918 wieder als souveräne Staaten. Streitigkeiten mit dem Deutschen Reich um die Stadt Memel sowie die Annektion von Wilna und Umgebung durch Polen führten zu großen Konflikten mit den Nachbarländern. Weiterhin trug der

6 Ernst Klee/Willi Dreßen/Volker Rieß (Hg.), »Schöne Zeiten« – Judenmord aus der Sicht der Täter und Gaffer, Frankfurt/M. 1988, S. 44 ff.

7 Stang, Kollaboration und Massenmord, S. 105 ff.

8 Wolfgang Benz/Marion Neiss (Hg.), Judenmord in Litauen, Berlin 1999, Vorwort, S. 13.

9 Christina Eckert, Die Mordstätte Paneriai (Ponary) bei Vilnius, in: Vincas Bartusevicius u. a. (Hg.), Holocaust in Litauen. Krieg, Judenmorde und Kollaboration im Jahre 1941, Köln 2003.

Umstand, dass etwa ein Fünftel der Bevölkerung innerhalb des litauischen Staatsgebietes verschiedenen nationalen Minderheiten angehörte, zu instabilen politischen Verhältnissen bei.

Schon seit dem 14. Jahrhundert leben in Litauen Juden, deren religiöse Hochschulen ab dem 17. Jahrhundert zu Weltruhm gelangten. Zweihundert Jahre später entwickelte sich Litauen auch zu einem säkularen Zentrum: Hier stellten die ostjüdischen Aufklärer ihre ersten Konzepte von modernen jüdischen Schulen und Bildungseinrichtungen vor, die schließlich zur Gründung einer jüdischen Akademie, des »Yidisher Visnshaftlecher Institut« (YIVO) in Wilna führte. Von 1925 bis 1940 erforschten Mitarbeiter der Lehranstalt das Leben und die Sprache des Ostenjudentums mit wissenschaftlichen Methoden. Dem Kuratorium dieser einzigartigen Akademie gehörten so bekannte Zeitgenossen an wie etwa Sigmund Freud, Albert Einstein oder der Historiker Simon Dubnow. Nach nur 15-jähriger Tätigkeit wurde das YIVO-Institut 1940 von den sowjetischen Behörden enteignet und ein Jahr später von den Nazis aufgelöst.[10]

Zum Zeitpunkt der Staatsgründung 1918 zählte man rund 150 000 jüdische Bewohner im wiedergeborenen Litauen. In den ersten Jahren, bis 1924, gestand die Regierung der Minderheit eine weitgehende kulturelle Selbstverwaltung zu mit eigenem hebräischen und jiddischen Bildungssystem, an deren Spitze ein jüdischer Minister stand. Weil der junge Staat jedoch mit vielen wirtschaftlichen und sozialen Problemen zu kämpfen hatte, kam das Land – was die politische Situation anging – nicht zur Ruhe. Infolge des Putsches nationalistischer Armeeoffiziere verwandelte sich ab 1926 die litauische Demokratie sukzessive in einen autoritären Staat. Dadurch erhielten die vorhandenen antisemitischen Strömungen weiteren Auftrieb, sodass bis zum Kriegsausbruch 1939 viele Juden das Land verließen; fast die Hälfte der 20 000 Emigranten wanderte nach Palästina aus.[11]

Aufgrund des Nichtangriffspaktes zwischen dem Deutschen Reich und der Sowjetunion fiel Litauen im September 1939 in den Machtbereich

10 Das YIVO-Institut unterhielt Zweigstellen in Paris, Buenos Aires und New York. Nach der Shoa wurde die New Yorker Filiale die Zentrale des YIVO-Instituts. Vgl. Stefan Schreiner, Wissenschaft auf Jiddisch – Eine Erinnerung an die Gründung des Yidisher Visnshaftlecher Institut (YIVO) vor 75 Jahren, in: Universitätsbibliothek Tübingen (Hg.), Wissenschaft des Ostjudentums, Ausstellungskatalog, Tübingen 2000.

11 Gutman, Enzyklopädie des Holocaust, S. 869 f.

der Sowjets. Polen musste die Stadt Wilna zusammen mit der angrenzenden Region an die litauische Republik zurückgeben. Zu dieser Zeit lebten etwa 230 000 bis 240 000[12] Juden in Litauen; hinzu kamen zahlreiche Flüchtlinge aus Polen, Deutschland und anderen Ländern.[13] Obwohl die Russen das Land bereits ab Oktober 1939 weitgehend unter ihre Kontrolle gebracht hatten, wurde Litauen erst im Sommer 1940 offiziell annektiert und als »Litauische Sowjetrepublik« dem Riesenreich einverleibt. Als Reaktion auf den Verlust der Unabhängigkeit gründete sich bald eine extrem nationalistisch ausgerichtete Untergrundbewegung, die die sowjetischen Besatzer bekämpfte und aus ihrer Sympathie mit dem NS-Regime keinen Hehl machte.[14] Der deutsche Überfall auf die Sowjetunion war für manche Nationalisten Anlass zu glauben, dass die Deutschen als Befreier kommen würden und Litauen daher schon bald wieder in die Unabhängigkeit entlassen werden würde. Als die Wehrmacht am 24. Juni 1941 in Wilna einmarschiert war, wurde ein deutscher Offizier mit dieser weit verbreiteten Ansicht konfrontiert: Mit Verwunderung meldete er seinen Vorgesetzten, dass sich die Litauer aufführten, als seien sie »vollkommen gleichberechtigte Partner in dem von den Russen befreiten Ostraum«. Zudem herrsche die Auffassung vor, als ob die »Deutschen den Krieg gegen Rußland nur geführt hätten, um Litauen zu befreien und selbständig zu machen«.[15] Doch die Hoffnung auf Unabhängigkeit war nur ein Traum; Litauen wurde Teil des Reichskommissariats Ostland und fortan als Generalbezirk Litauen der Besatzungsverwaltung unterstellt. Dennoch kooperierten die Litauer von Anfang an eng mit den Deutschen und unterstützten den eliminatorischen Antisemitismus der Nazis auf breiter Front. Offensichtlich glaubten viele Nationalisten, dass sich ihre Teilnahme bei der Vernichtung der litauischen Juden später politisch auszahlen würde. Diese Hoffnung erfüllte sich indes nicht. Nach dem Krieg gehörte Litauen wieder als Teilrepublik dem Staatsverband der Sowjetunion an. Erst ein halbes Jahrhundert später, verursacht durch den Zerfall der UdSSR, konnte

12 Im Sommer 1941 lebten rund 150 000 Juden in der Republik Litauen und ca. 80 000 in Wilna (Stadt und Verwaltungsgebiet). Ungefähr 10 000 konnten sich nach Kriegsausbruch in die Sowjetunion flüchten. Michael MacQueen, Massenvernichtung im Kontext: Täter und Voraussetzungen des Holocaust in Litauen, in: Benz/Neiss, Judenmord in Litauen, S. 15.

13 Benz/Neiss, Judenmord in Litauen, Vorwort, S. 7.

14 Gutman, Enzyklopädie des Holocaust, S. 870.

15 Michael Burleigh, Die Zeit des Nationalsozialismus, Frankfurt/M. 2000, S. 617.

1990 wieder ein unabhängiger litauischer Staat ausgerufen werden, der 2004 Mitglied in der Europäischen Union werden wird.

Die Einsatzgruppen

Mit dem deutschen Einmarsch hatten die im Untergrund tätigen nationalistischen Kräfte Litauens einen antisowjetischen Aufstand inszeniert und dabei vor allem in Kowno, aber auch an anderen Orten tausende von Juden ermordet.[16] »In den Augen der Deutschen waren diese Männer eine willkommene Hilfstruppe«,[17] schreibt der Historiker Raul Hilberg. Daher sollten die als »Selbstreinigungs-Maßnahmen antikommunistischer und antijüdischer Kreise« bezeichneten Aktionen nicht behindert werden. »Sie sind vielmehr in Gang zu setzen«, so lautete die Anweisung des Chefs der Sicherheitspolizei und des SD Reinhard Heydrich, »zu verstärken und wo nötig in die richtigen Bahnen zu lenken.«[18] In den ersten Tagen der deutschen Besatzung ging dieses »finstere Gesindel«[19], wie Jozef Mackiewicz die litauischen Freiwilligenverbände bezeichnet, »so brutal gegen Juden und mutmaßliche Kommunisten vor«,[20] dass die Wehrmacht verfügte, die »eigenmächtigen Verhaftungen und Erschießungen« sofort einzustellen. Gleichzeitig rekrutierten die neuen Herren die Nationalisten, die sich selbst als Partisanen bezeichneten, als Polizisten und Hilfskräfte für ihren Sicherheitsdienst. Allerdings mussten sich die Kollaborateure »auf Einsätze beschränken, die deutsche Offiziere genehmigt hatten«.[21] Ab sofort fiel die Koordination und Ausführung von Mordaktionen gegen die jüdische Bevölkerung in den Entscheidungsbereich der berüchtigten Einsatzgruppen. Diese mobilen Todesschwadrone, die sich aus Mitgliedern des Sicherheitsdienstes (SD), der Sicherheitspolizei (SiPo) und der SS zusammensetzten, operierten vor allem in Osteuropa. Das Ziel der Einsatzgruppen war die »unverzügliche und mitleidlose Ausrottung aller Menschenklassen …, die nicht nur in der Gegenwart, sondern auch in der Vergangenheit und Zukunft als Träger des Widerstandes gegen den Nationalsozialismus in Frage kommen konnten«. Dazu gehörte vor allem die

16 MacQueen, Massenvernichtung im Kontext, S. 25 f.
17 Raul Hilberg, Täter, Opfer, Zuschauer, Frankfurt/M. 1992, S. 114.
18 MacQueen, Massenvernichtung im Kontext, S. 25, Anmerkung 20.
19 Mackiewicz, Der Stützpunkt Ponary, S. 169.
20 Hilberg, Täter, Opfer, Zuschauer, S. 114.
21 Ebd.

so genannte Lösung des Judenproblems. Damit war dieser »einzigartigen Organisation« eine Aufgabe übertragen, »die wegen ihrer Grausigkeit und Tragweite keinen Vergleich in der Menschheitsgeschichte findet und das menschliche Begreifen oder die menschliche Erfahrung weit übersteigt«.[22] Im Rückraum der Wehrmacht ermordeten die etwa 3000 Mann umfassenden Truppen, bestehend aus den Einsatzgruppen A, B, C und D, die sich wiederum in jeweils vier bis sechs Sonder- oder Einsatzkommandos untergliederten, von Juli bis November 1941 etwa 500000[23] Menschen.[24] Am Tag des Angriffes auf die Sowjetunion hatte der Leiter der Einsatzgruppe A, SS-Brigadeführer Walter Stahlecker am 22. Juni 1941 den zuständigen SS-, SD- und Gestapo-Stellen den Befehl übermittelt, mit der »Sonderbehandlung sämtlicher Juden einschließlich der Frauen und Kinder, sowie der kommunistenverdächtigten Litauer« zu beginnen. Stahlecker berief sich dabei auf einen Führerbefehl und empfahl den Einsatzkommandos ausdrücklich, sich bei den geplanten Massentötungen »litauischer Selbstschutzkräfte« zu bedienen.[25]

Schon vor dem Eintreffen der Einsatzkommandos (EK) in Wilna hatten litauische Milizen Juden in Ponary erschossen. Dazu schreibt der ehemalige Direktor der Gedenkstätte Yad Vashem Yitzhak Arad in seinem Buch *Ghetto in Flames*: »The Lithuanians seized Jews on the streets and killed them in the forest near Ponar (Paneriai). Filbert learned of this Lithuanian action on July 2, after reaching Vilna. The information was helpful to E.K. 9 because Ponar could be used for mass murder, and the Lithuanians could be helpful in the murder action. This enabled E.K. 9 to launch the extermination campaign without delay and on a large scale.«[26] Am 4. Juli 1941 über-

22 Urteil des Landgerichts Würzburg vom 3. Februar 1950 gegen Martin Weiss und August Hering, Ks 15/49, in: Universität Amsterdam (Hg.), Justiz und NS-Verbrechen, Sammlung Deutscher Strafurteile wegen Nationalsozialistischer Tötungsverbrechen 1945–1966, Bd. VI, Amsterdam 1971, S. 75 f.

23 Raul Hilberg, Die Vernichtung der europäischen Juden. Die Gesamtgeschichte des Holocaust, Westberlin 1982, S. 216. Nach Schätzungen Hilbergs wurden etwa 1400000 Juden durch die Einsatzgruppen, SS- oder Polizeiverbände ermordet. S. 277.

24 Wolfgang Benz/Hermann Graml/Hermann Weiß (Hg.), Enzyklopädie des Nationalsozialismus, München 1997, S. 440.

25 Helmut Krausnick, Die Einsatzgruppen vom Anschluß Österreichs bis zum Feldzug gegen die Sowjetunion, S. 163, in: Helmut Krausnick/Hans-Heinrich Wilhelm, Die Truppe des Weltanschauungskrieges, Stuttgart 1981.

26 Yitzhak Arad, Ghetto in Flames. The Struggle and Destruction of the Jews in Vilna in the Holocaust, New York 1982, S. 66.

nahm der Befehlshaber des Einsatzkommandos 9 aus der Einsatzgruppe B, SS-Obersturmbannführer Alfred Filbert, die Leitung der Mordaktionen in Wilna,[27] wobei er die ihm unterstellte litauische Polizei beauftragte, »laufend Namenslisten der Wilnaer Juden, zuerst die Intelligenzschicht, politische Aktivisten und wohlhabende Juden, aufzustellen«[28]. Gleichzeitig ordnete er an, die Effizienz der Tötungen zu erhöhen und untersagte das wilde »Abknallen der Opfer mit Maschinengewehrgarben«. Stattdessen sollten die Litauer »gezielte Schüsse mit Karabinern oder Maschinenpistolen« abgeben. Damit war es nach Auffassung der SS gewährleistet, »innerhalb einer Stunde mehrere hundert Menschen umzubringen«.[29] Binnen weniger Tage hatte das EK 9 das Morden – darunter auch Exekutionen im Walde von Ponary – unter seine Kontrolle gebracht.[30] Drei deutsche Soldaten einer Kraftwagenkolonne, die in der Nähe der Hinrichtungsstätte einquartiert waren, wurden Zeugen einer dieser Massenerschießungen. »Ich kann nicht sagen, ob wir am 5. Juli oder 10. Juli 1941 nach Paneriai gekommen sind. Wie ich bereits vorher angegeben habe, habe ich während unseres Aufenthaltes im dortigen Waldgebiet Judenerschießungen in größerem Umfange erlebt. Ich kann nicht mehr sagen, ob es am ersten oder zweiten Tag unseres Aufenthaltes war, als ich während der Fahrzeuginstandsetzung plötzlich eine Kolonne von etwa 400 Mann, aus Richtung Wilna kommend, auf der Straße in den Kiefernwald gehen sah. Die Kolonne, die ausschließlich von Männern im Alter von 25–60 Jahren bestand, wurde unter Bewachung von litauischen Zivilisten in den Wald geführt. Die Litauer waren mit Karabinern ausgerüstet.«[31] Neugierig geworden, folgten Soldaten dieser Kolonne und standen schon bald vor den Gruben von Ponary. »Als wir an der Stelle ankamen, sahen wir Litauer – daß es sich um solche handelte, erfuhren wir etwas später, als wir mit dem Leiter des Kommandos sprachen –, die dabei waren, massenweise Juden zu erschießen. ... Vor dem MG am Grubenrand standen 10 Delinquenten, die von der MG-

27 Ebd.

28 Ereignismeldung Nr. 17 des Einsatzkommandos 9 vom 9. Juli 1941, in: Krausnick/Wilhelm, Die Truppe des Weltanschauungskrieges, S. 616.

29 Urteil des Landgerichts Berlin vom 22. Juni 1962 gegen Alfred Filbert u. a., 3 PKs1/62, in: Universität Amsterdam (Hg.), Justiz und NS-Verbrechen, Bd. XVIII, Amsterdam 1978, S. 616.

30 Urteil des Landgerichts Berlin vom 28. März 1966 gegen Gerhard Schneider, 3 P (K) Ks 1/62, in: Universität Amsterdam (Hg.), Justiz und NS-Verbrechen, Bd. XXIII, Amsterdam 1998, S. 453 f.

31 Polizeiliche Vernehmung Alex Pflügler vom 18. Juni 1959, Zentrale Stelle Ludwigsburg, 207 AR-Z 14/58, Bd. IV, Blatt 1683.

Bedienung regelrecht in die Grube geschossen wurden. Ich selbst blickte in diese und sah, daß der gesamte Grubenrand bereits mit Leichen bedeckt war. Es lagen jeweils mehrere übereinander. Es dürften meiner Meinung nach mehr als 100 Menschen gewesen sein.«[32] Ein anderes Mitglied dieser Wehrmachtseinheit erklärte, dass er sich etwa eine Stunde an der Exekutionsstätte aufgehalten habe und »während dieser Zeit ... die Tötung von 40–50 Juden mit angesehen habe. ... Nachdem wir weggegangen waren, hörten wir noch auf dem Weg nach Paneriai die MG-Garben von der Erschießungsstätte.«[33] Unter der Leitung des Einsatzkommandos 9, das bis zum 20. Juli 1941 in Wilna stationiert war, haben bis zu diesem Tag etwa 150[34] litauische Freiwillige an die 5000 jüdische Männer exekutiert.[35] Wie viele Juden bereits vor dem Eintreffen der Deutschen durch Litauer in Ponary ermordet wurden, ist nicht bekannt.

Als im Laufe des Monats Juli 1941 das eigentlich für das Gebiet Wilna zuständige Einsatzkommando 3 aus der Einsatzgruppe A in Kowno seinen Standort beziehen wollte, war ihr Kommandeur Karl Jäger »zuerst damit beschäftigt, die anderen durchziehenden EKs zu drängen, sein ›Herrschaftsgebiet‹ zu verlassen«.[36] Neben dem bereits erwähnten EK 9 war nämlich in Wilna zuvor schon das EK 7a tätig gewesen.[37] Daher wütete Jägers Einheit anfänglich in der mittel- und nordlitauischen Provinz sowie in der Stadt Kowno. Vom 4. Juli bis zum 31. August 1941 wurden dort »auf meine Anordnung und meinen Befehl«, wie Jäger stolz in seinem Bericht vermerkte, 52309[38] »Juden, Jüdinnen, Judenkinder« und Kommunisten exekutiert.[39] Zweimal wurde eine Massenerschießung als Vergeltungsmaßnahme deklariert – für die angebliche Tötung eines deut-

32 Polizeiliche Vernehmung Fritz Hamann vom 5. Juni 1959, Zentrale Stelle Ludwigsburg, 5 AR-Z 14/58, Bd. III, Blatt 1265.

33 Polizeiliche Vernehmung Otto Schroff vom 5. Juni 1959, ebd., Blatt 1253.

34 Christian Gerlach, Die Einsatzgruppe B 1941/42, in: Peter Klein (Hg.), Die Einsatzgruppen in der besetzten Sowjetunion 1941/42, Berlin 1997, S. 56.

35 Gutman, Enzyklopädie des Holocaust, S. 1599.

36 Wolfgang Scheffler, Die Einsatzgruppe A 1941/42 in: Klein, Die Einsatzgruppen, S. 35.

37 Ebd., S. 47, Anmerkung 27.

38 In der Aufstellung von Jäger sind nach dem 31. August 1941 weitere Ermordungen aufgeführt, die sich jedoch auf einen Zeitraum vom 28. August bis 2. September, 12. August bis 1. September und 25. August bis 6. September 1941 beziehen.

39 Bericht des Befehlshabers der Sicherheitspolizei und des SD, Einsatzkommando 3, Karl Jäger, vom 1. Dezember 1941 (nachfolgend Jäger-Bericht), Zentrale Stelle Ludwigsburg. Ordner UdSSR, Bd. 108, Blatt 469–480.

schen Soldaten.[40] »Ich kann heute feststellen«, so schrieb Karl Jäger am 1. Dezember 1941 zusammenfassend, »dass das Ziel, das Judenproblem für Litauen zu lösen, vom EK 3 erreicht worden ist. In Litauen gibt es keine Juden mehr, ausser den Arbeitsjuden incl. ihrer Familien. … Diese Arbeitsjuden incl. ihrer Familien wollte ich ebenfalls umlegen, was mir jedoch scharfe Kampfansage der Zivilverwaltung (dem Reichskommissar) und der Wehrmacht eintrug und das Verbot auslöste: Diese Juden und ihre Familien dürfen nicht erschossen werden.«[41]

Die Vernichtung der Wilnaer Juden

Trotz dieser Anordnung ging das Morden weiter. Die mobilen Einsatzgruppen verwandelten sich in stationäre Dienststellen. Ab dem 9. August 1941[42] wurden die Ausrottungsmaßnahmen gegen die Wilnaer Juden von Karl Jäger geleitet und koordiniert, der nun den Titel »Kommandeur der Sicherheitspolizei und des SD für den Generalbezirk Litauen« innehatte.[43] In Kowno war die Zentrale seiner Behörde; in Wilna eine zusätzliche Dienststelle, die ab Ende August/Anfang September die Errichtung eines Ghettos für die Wilnaer Juden anordnete. Zwischen dem 1. und 3. September deportierte man die jüdischen Bewohner, die auf dem für das Ghetto vorgesehenen Gebiet lebten, nach Ponary, »the men on foot and the women with children in motor-vehicles«, und massakrierte sie dort.[44] Solche Tötungsaktionen wurden in der Regel mit der Tarnbezeichnung »Umsiedlung« umschrieben.[45] Diese Massenerschießung, der insgesamt 3700 Juden, darunter 2019 Frauen und 817 Kinder zum Opfer fielen, bezeichneten die Deutschen jedoch erneut als Vergeltung für einen angeblichen jüdischen Angriff auf deutsche Soldaten.[46]

40 Ermittlungsbericht des Oberstaatsanwalts Wolf, Landgericht Frankfurt/Main vom 27. September 1961, S. 39, Zentrale Stelle Ludwigsburg, 207 AR-Z 14/58, Bd. III/IV.

41 Jäger-Bericht, S. 7.

42 Arad, Ghetto in Flames, S. 78. Das EK 9 wurde nach Minsk abkommandiert und hinterließ – bis zur vollständigen Übernahme der Stadt durch das zuständige EK 3 in Wilna – nur eine Nachhut.

43 Helmut Krausnick, Hitlers Einsatzgruppen. Die Truppen des Weltanschauungskrieges 1938–1942, Frankfurt/M. 1985, S. 154.

44 Arad, Ghetto in Flames, S. 103.

45 Adalbert Rückerl, Die Strafverfolgung von NS-Verbrechen 1945–1978, Heidelberg 1979, S. 20.

46 Arad, Ghetto in Flames, S. 104.

Da eine Straße durch das Ghetto führte, entstanden zwei separate, umzäunte jüdische Wohnviertel – das kleine und das große Ghetto, in denen offiziell etwa 60 000[47] jüdische Frauen, Männer und Kinder auf engstem Raum zusammengepfercht leben mussten. Sicherlich war die Anzahl der Bewohner durch nicht registrierte, illegal zugezogene Juden aus den umliegenden Landgemeinden wesentlich höher.[48] In dieser Zeit verschleppten die Nazis weitere tausende[49] von Juden nach Ponary. Nur ausgewählte Personen, so genannte Fachleute, durften in Wilna bleiben; sie erhielten eine »Arbeitserlaubnis«, in die auch ihre Angehörigen eingetragen waren, und mussten Zwangsarbeit verrichten. Wer nicht im Besitz eines solchen Dokuments war, wurde ins kleine Ghetto überführt.[50] Am 1. Oktober 1941, am Jom-Kippur-Fest, verlangte die Gestapo die Auslieferung von 1 000 Menschen. Der Wilnaer Judenrat fügte sich und wählte Männer, Frauen und Kinder ohne gültige Arbeitspapiere aus.[51] Es war der höchste jüdische Feiertag, an dem die Nazis und ihre litauischen Helfer ins Ghetto marschierten und die Bewohner brutal zusammentrieben. »Das Geschrei der Frauen und Kinder, die mit Gewehrkolben und Gummistöcken geschlagen wurden, war fürchterlich. Um die Schreienden zum Schweigen zu bringen, begannen die litauischen Soldaten ziellos und unkontrolliert zu schießen, bis die zu Tode erschrockenen Menschen tatsächlich aufhörten zu schreien. Alle Festgenommenen wurden auf die Straße gebracht und dann von litauischen Soldaten umringt«, notierte der Zeitzeuge Grigorij Schur in seinem Tagebuch.[52] Bei dieser Razzia wurden insgesamt 3 900[53] Juden zur Hinrichtung nach Ponary gebracht. Diese so genannte Säuberungsaktion kam auch während einer Verhandlung des Internationalen Militärgerichtshofes in Nürnberg zur Sprache, wobei der Zeuge Abraham Suzkewer, der während der gesamten Zeit der deutschen Besatzung in Wilna lebte, folgendes zu Protokoll gab: »Am Versöhnungstag

47 Im großen Ghetto (Nr. 1) waren 45 000 und im kleinen Ghetto (Nr. 2) 15 000 Juden registriert. Stang, Kollaboration und Massenmord, S. 89.

48 Ebd.

49 Nach deutschen Quellen wurden am 12. und 17. September 1941 4 601 Juden ermordet. Herman Kruk gibt jedoch für den 12. September 6 000 und für den 17. September 2 950 Opfer an. Arad, Ghetto in Flames, S. 210.

50 Gutman, Enzyklopädie des Holocaust, S. 1600.

51 Kruk, The Last Days of the Jerusalem of Lithuania, S. 122.

52 Grigorij Schur, Die Juden von Wilna. Die Aufzeichnungen des Grigorij Schur 1941–1944, München 1999, S. 62.

53 Arad, Ghetto in Flames, S. 216.

im Jahre 1941 sind Schweichenberg[54] und das deutsche Sonderkommando in das zweite Ghetto eingedrungen und haben alle alten Männer verhaftet, die in der Synagoge beteten. Sie führten sie nach Ponari. ... Die Häscher schleppten die Juden aus den Kellern und versuchten, sie nach Ponari zu treiben. Aber die Juden wußten bereits, daß keiner von ihnen zurückkommen würde und wollten nicht mitgehen.«[55] Wenngleich sich einige Menschen vorerst hatten verstecken und retten können, wurde das kleine Ghetto binnen weniger Wochen in drei weiteren »Aktionen« endgültig aufgelöst: »During the night of October 3/4 the Germans seized 2000 people from Ghetto No. 2, telling them that they were being removed to a third ghetto in which there was a shortage of laborers.«[56] Die etwa 2000 Menschen wurden erst in das Lukiszki-Gefängnis eingesperrt und am nächsten Tag nach Ponary gebracht.[57] Der Jäger-Bericht verzeichnet am 4. Oktober für die Stadt Wilna 432 ermordete Männer, 1115 Frauen und 436 Kinder.[58] Knapp drei Wochen später, in den frühen Morgenstunden des 21. Oktobers, führten deutsche und litauische Einheiten erneut eine Razzia im kleinen Ghetto durch und ließen die letzten Bewohner in den Gruben von Ponary erschießen.[59] Damit existierte in Wilna nur noch ein jüdischer Wohnbezirk. Unter dem Datum 21. Oktober 1941 finden sich in Karl Jägers akribischer Statistik 718 ermordete Juden, 1063 Jüdinnen und 586 »Judenkinder«.[60]

Zu dieser Zeit lebten noch 27000 bis 28000 Juden im Ghetto Nr. 1. Nach den Vorgaben der Deutschen sollte die Zahl auf insgesamt 12000 Personen reduziert werden. Das sollte dadurch erreicht werden, dass die Behörden die alten Arbeitsbescheinigungen für ungültig erklärten und neue – nun gelbe – Scheine verteilten. Ein solches Zertifikat galt für den Inhaber

54 Wahrscheinlich ist Horst Schweinberger gemeint, der als Polizeizugwachtmeister des Reserve Polizei Bataillons 9 von Mitte August bis Dezember 1941 in Wilna stationiert war. Nach den Ermittlungen der Staatsanwaltschaft Frankfurt soll er während seines Einsatzes in Wilna an fast allen Erschießungsaktionen beteiligt gewesen sein. Ermittlungsbericht des Oberstaatsanwalts Wolf, S. 63.

55 Aussage von Abraham Suzkewer vor dem Internationalen Militärgerichtshof Nürnberg, in: Der Nürnberger Prozess. Amtlicher Text in deutscher Sprache, Reichenbach 1994, Bd. VIII, S. 337.

56 Arad, Ghetto in Flames, S. 139.

57 Ebd.

58 Jäger-Bericht, S. 6.

59 Arad, Ghetto in Flames, S. 142.

60 Jäger-Bericht, S. 6.

sowie maximal zwei Kinder und den anderen Elternteil.[61] Zwischen dem 24. und 28. Oktober 1941 wurden alle registrierten Arbeiter zusammen mit ihren Familienmitgliedern vorübergehend in das geräumte kleine Ghetto getrieben. Die im großen Ghetto verbliebenen Menschen, die keine gültigen Arbeitspapiere vorzeigen konnten, brachte man nach Ponary und ermordete sie dort bei einer zwei Tage dauernden Massenerschießung.[62] Diese »Aktion«, der etwa 5 000[63] Menschen zum Opfer fielen, wurde später als »Erste Aktion der gelben Scheine« bezeichnet. Neben den Inhabern von Arbeitspapieren lebten zusätzlich noch rund 8 000 Illegale im Ghetto.[64] Deswegen erfolgte Anfang November eine weitere Razzia, welche die »Zweite Aktion der gelben Scheine« genannt wurde. Dabei ließen die Deutschen erneut rund 3 000 Männer, Frauen und Kinder, die keine Papiere vorweisen konnten, ergreifen und in Ponary töten. Nach dieser »Aktion« entfernte man die Umzäunung des kleinen Ghettos und gab den Bezirk zum Wohnen frei.[65]

Eine weitere Razzia fand Ende November/Anfang Dezember 1941 statt, wobei die Polizei in einer Nachtaktion einige Häuser umstellte, in denen rund 100 Juden, die als Hilfskräfte bei der Sicherheitspolizei arbeiteten, untergebracht sein sollten. Tatsächlich aber wohnten in den Gebäuden 1 600 Personen. Alle »Illegalen« wurden verhaftet und nach Ponary gebracht. Zu dieser Zeit erhielten auch die bislang auf den gelben Scheinen miteingetragenen Familienmitglieder der »Facharbeiter« eigene rosa Scheine. Kurz vor Weihnachten 1941 führten die deutschen Besatzer erneut eine Selektion durch: Wer keinen gelben oder rosa Schein besaß, wurde festgenommen.[66] »Im Ghetto befanden sich damals ungefähr 18 000 bis 20 000 Leute. ... Die nicht in den Tod gehen wollten, (wurden) im Ghetto selbst niedergemetzelt. Der Rest wurde nach Ponari getrieben«,[67] berichtet Abraham Suzkewer später vor Gericht. Offensichtlich hatten sich immer wieder Juden aus anderen Landesteilen auf geheimen Wegen nach Wilna geflüchtet. Laut den Ermittlungsergebnissen der Frankfurter Staatsanwaltschaft sollen im Zuge dieser Razzia etwa 15 000[68] Juden in den

61 Gutman, Enzyklopädie des Holocaust, S. 1600.
62 Ermittlungsbericht des Oberstaatsanwalts Wolf, S. 42.
63 Arad, Ghetto in Flames, S. 211.
64 Gutman, Enzyklopädie des Holocaust, S. 1600.
65 Ermittlungsbericht des Oberstaatsanwalts Wolf, S. 42 f.
66 Ebd., S. 43.
67 Aussage von Abraham Suzkewer vor dem Internationalen Militärgerichtshof Nürnberg, in: Der Nürnberger Prozess, Bd. VIII, S. 339.
68 Ermittlungsbericht des Oberstaatsanwalts Wolf, S. 43.

Gruben der Hinrichtungsstätte den Tod gefunden haben. Bis Herbst 1943 fanden keine größeren »Aktionen« mehr im Ghetto Wilna statt, obwohl bei regelmäßigen Personenkontrollen und Durchsuchungen immer wieder Personen oder ganze Gruppen festgenommen und dann in Ponary ermordet wurden.

Im April 1943 hatten die Deutschen begonnen, die Ghettos von Oszmiana, Swieciany und anderen Kleinstädten in der Umgebung von Wilna zu räumen. Unter dem Vorwand einer Evakuierung in das Ghetto Kowno wurden am 5. April über 4000 Juden zusammengetrieben und in zwei Sonderzügen mit jeweils rund 40 Güterwagen verladen und nach Ponary gebracht.[69] Als die Gefangenen aus dem Zug getrieben wurden und die Hinrichtungsstätte erblickten, »revoltierten sie und versuchten zu entkommen. Ihre Leichen lagen auf einer Strecke von mehr als einem Kilometer Länge«, dennoch gelang es »etwa 500 Menschen, darunter viele Kinder« zu flüchten.[70] Gleichwohl konnten nur wenige ihr Leben retten, da sie ohne Schutz waren und daher früher oder später den Mördern erneut in die Hände fielen. Nach einem Bericht der örtlichen NS-Behörde an den Reichsführer-SS Heinrich Himmler wurden am 5. April 1943 etwa 4000 Männer, Frauen und Kinder erschossen.[71] Das April-Massaker ging als die so genannte Landghettoaktion in die Geschichtsbücher ein und gilt als Auftakt für die dann folgende vollständige Vernichtung der litauischen Juden.

Bevor das Wilnaer Ghetto endgültig liquidiert wurde, waren vorab etwa 3000 Juden den in der Stadt bestehenden Zwangsarbeiterlagern Heereskraft fahrzeugpark[72] sowie Pelzfabrik Kailis[73] zugewiesen worden. Die verbliebene jüdische Bevölkerung musste sich – zwischen dem 22. und 24. September

69 »Now it is clear: instead of going to Kovno, the trains from Oszmiana and Swieciany went to Ponar … 83 cars with more than 4000 Jewish victims were taken there«, schrieb Herman Kruk bereits am Nachmittag des 5. April in sein Tagebuch. Kruk, The Last Days of the Jerusalem of Lithuania, S. 500.

70 Ainsztein, Jüdischer Widerstand im deutschbesetzten Osteuropa, S. 83.

71 Ebd. Das Massaker vom 5. April bezeichnete Sakowicz als den »Tag des Jüngsten Gerichts«, es ist von ihm ausführlich beschrieben worden. Vgl. S. 85 ff.

72 »… Heereskraftpark, one of the most important units the Jews worked in.« Kruk, The Last Days of the Jerusalem of Lithuania, S. 93, Anmerkung 110.

73 Schon vor dem Krieg waren in der Pelzfabrik Kailis viele jüdische Arbeiter beschäftigt. Ab Winter 1941 mussten hier 1500 Zwangsarbeiter Pelze und Fellhandschuhe für die Wehrmacht produzieren. Ebd., S. 133, Anmerkung 43.

1943 – auf dem Rossa-Platz[74] versammeln und wurde dort nach Männern und Frauen (einschließlich Kindern) getrennt. Die als arbeitsfähig eingestuften Menschen wurden nach Riga und Estland zur Zwangsarbeit verschleppt, ein Teil der Frauen ins lettische Konzentrationslager Kaiserwald deportiert und die übrigen Frauen zur Vernichtung nach Majdanek und Treblinka gebracht. Während der Selektion wurden auch einzelne Personen direkt vor Ort getötet,[75] der Rest, »several hundred elderly and sick people were shot at Ponar«[76].

»Doch auch nach der Vernichtung des Ghettos gab es noch Juden in Vilnius«, schreibt der Historiker Knut Stang. Dabei handelte es sich um die letzten so genannten Arbeitsjuden mit ihren Familien, die entweder in den beiden genannten Zwangsarbeiterlagern schuften mussten oder im Dienst der Sicherheitspolizei standen.[77] Doch ihr Schicksal war schon lange besiegelt: Bereits im März 1944 wurden die Kinder abgeholt. »Um sieben Uhr kamen die Gestapoleute mit der litauischen Sondereinheit, und es begann ein wildes Gemetzel.« Eine Frau, die versuchte, ihr Kind zu retten, schrie dem Leiter der »Aktion« Martin Weiss ins Gesicht: »Du Mörder und Henker, du wirst mein Kind nur über meine Leiche bekommen!« Weiss erschoss die Mutter kaltblütig, schritt über den Leichnam und ergriff ihr Kind.[78] Die Jungen und Mädchen wurden nach Majdanek deportiert und dort ermordet. Zwischen dem 2. und 7. Juli 1944 lösten die Deutschen endgültig alle Lager auf. Die jüdischen Arbeitskräfte der Sicherheitspolizei wurden entweder deportiert oder getötet, die meisten Beschäftigten des Heereskraftfahrzeugparks sowie der Pelzfabrik Kailis in Ponary erschossen.[79]

74 Offensichtlich ist ein Sammelplatz im Wilnaer Vorort Ros(s)a gemeint, auf dem die Menschen im September 1943 zusammengetrieben wurden. »People from the ghetto were rounded up and gathered first in the Vilna suburb of Rosa before going to Estonia.« Kruk, The Last Days of the Jerusalem of Lithuania, S. 659.

75 Ermittlungsbericht des Oberstaatsanwalts Wolf, S. 44 f.

76 Arad, Ghetto in Flames, S. 432.

77 Stang, Kollaboration und Massenmord, S. 108.

78 Schur, Die Juden von Wilna, S. 217 f.

79 Stang, Kollaboration und Massenmord, S. 108.

Der letzte Akt der Tragödie – Die Spuren werden verwischt

Bald nach der Auflösung des Ghettos in Wilna begannen die Deutschen mit den Vorbereitungen, die Spuren ihrer Verbrechen in Ponary zu beseitigen. Dieses letzte Kapitel der grausamen Ereignisse ist verhältnismäßig ausführlich in der Publikation *Das Schwarzbuch – Der Genozid an den sowjetischen Juden* dokumentiert.[80] Eine Hand voll inhaftierter jüdischer Männer wurde nach Erkenntnissen der deutschen Strafverfolgungsbehörden ab Dezember 1943[81] jeden Tag von Wilna aus an die Hinrichtungsstätte gefahren. Dort mussten sie eine Grube ausheben, die vier Meter tief war und fünfzehn Meter in der Breite maß. Die Wände wurden vermauert, und die Grube mit schweren Baumstämmen abgedeckt, sodass nur zwei kleine Öffnungen für Leitern blieben. Dann wurde der Bunker mit Stacheldraht umzäunt und durch ein Minenfeld gesichert. Nachdem die Männer mit der Arbeit fertig waren, diente das Bauwerk als ihr Gefängnis, in das sie jede Nacht eingesperrt wurden. Tagsüber musste das – auf mittlerweile 80 Personen aufgestockte – Sonderkommando teilweise mit bloßen Händen die Massengräber öffnen, die Leichen herausholen, große Scheiterhaufen errichten und die sterblichen Überreste verbrennen. Ehe die Körper den Flammen übergeben wurden, durchsuchte man die Leichen nach Wertsachen und brach vorhandene Goldzähne aus. Anschließend mussten so genannte Aschensieber die übrig gebliebenen Knochen zerschlagen und die Asche auf dem Gelände verstreuen.[82]

Nach den Aussagen von Isaak Dogim, einem der wenigen Überlebenden dieses Kommandos, fanden sich in dem ersten geöffneten Massengrab 10 000 Körper, zumeist junge Männer mit auf dem Rücken gefesselten Händen. »Das zweite Grab füllten die Opfer des Massakers vom 1. September 1941: Männer, Frauen und Kinder. Fast bei allen fanden wir Wohnungsschlüssel, d. h. die Leute glaubten, daß sie wieder nach Hause zurückkommen würden. In diesem Grab zählten wir 9 500 Leichen. Das dritte Massengrab war in der Zeit der Liquidierung des zweiten Ghettos, also um den November 1941 herum, angelegt worden. Hier wurde zum ersten Mal deutlich, daß die Banditen ihre Opfer alle auf die gleiche Art

80 Wassili Grossman/Ilja Ehrenburg, Das Schwarzbuch. Der Genozid an den sowjetischen Juden. Deutsche Ausgabe, herausgegeben von Arno Lustiger, Reinbek 1994.

81 Ermittlungsbericht des Oberstaatsanwalts Wolf, S. 45.

82 Ainsztein, Jüdischer Widerstand im deutschbesetzten Osteuropa, S. 389 f.

und Weise erschossen hatten – von hinten ins Genick. … Kaum eine der Kinderleichen hatte Schußwunden. Den herausgestreckten Zungen nach zu urteilen, waren die Kinder offensichtlich lebendig begraben worden.« Im vierten Massengrab fanden sich die Leichen der während der »Aktion der gelben Scheine« umgebrachten Menschen, im fünften mit Genickschuss getötete, entkleidete Frauen und Kinder, wie auch im sechsten Grab ausschließlich nackte Leichen lagen. In einem der Gräber waren nur politische Gefangene verscharrt und in zwei anderen Gruben lagen die Toten der Landghettoaktion vom 5. April 1943. Isaak Dogim erinnert sich auch daran, dass noch während der »Enterdungsarbeiten« immer wieder Exekutionen durchgeführt wurden. In dieser Zeit sperrte man die Männer in den Bunker ein. Doch das »Wehklagen und das Stöhnen der Opfer drang sogar durch die Steine unseres Verlieses zu uns«, gab Dogim zu Protokoll.[83]

Laut Aussage eines anderen Überlebenden aus dem Sonderkommando wurden insgesamt 80 000 Leichen ausgegraben. »Ich weiß dieses daher, weil zwei Juden, die mit uns in der Grube lebten, von den Deutschen dazu angestellt worden waren, diese Leichen zu zählen«, erklärte Szloma Gol vor dem Internationalen Militärgerichtshof in Nürnberg.[84]

In der Nacht vom 14. auf den 15. April 1944 brachen die Gefangenen des Sonderkommandos aus ihrem Gefängnis aus. Nur elf Männer überlebten.[85] Die anderen zählten zu den letzten Opfern von Ponary.

Am 10./11. Juli 1944 verließen die letzten Deutschen Wilna.[86] Zwei Tage später, am 13. Juli, marschierte die Rote Armee in die Stadt ein.

Die juristische Aufarbeitung der Morde von Ponary in der BRD

Diese schrecklichen Ereignisse kamen erstmals am 27. Februar 1946 in einem Gerichtsverfahren zur Sprache. An jenem Tag gab der schon erwähnte Zeuge Abraham Suzkewer vor dem Internationalen Militärgerichtshof in Nürnberg u. a. zu Protokoll: »Als die Deutschen meine Stadt Wilna besetzten, waren dort ungefähr 80 000 Juden.«[87] Auf die Frage des russischen

83 Grossman/Ehrenburg, Das Schwarzbuch, S. 543 ff.

84 Der Nürnberger Prozess, Bd. XXI, S. 179.

85 Grossman/Ehrenburg, Das Schwarzbuch, S. 546 f.

86 Dabei handelte es sich um SD-Angehörige der Dienststelle Wilna. Ermittlungsbericht des Oberstaatsanwalts Wolf, S. 46.

87 Der Nürnberger Prozess, Bd. VIII, S. 334.

Anklägers Oberst Smirnow, wie viele Juden nach Abzug der Deutschen aus Wilna am Leben geblieben seien, antwortete Suzkewer: »Nach der Besetzung von Wilna blieben ungefähr 600[88] Juden übrig.«[89] Sechs Monate später beschäftigte sich der Internationale Gerichtshof erneut mit dem Komplex Ponary. In der Verhandlung vom 14. August verlas der britische Ankläger Sir David Maxwell-Fyfe die Zeugenaussage von Szloma Gol, eines Überlebenden des so genannten Enterdungskommandos, der detailliert die Öffnung der Massengräber und das Verbrennen der Leichen beschrieb.[90]

Diese Aussagen wurden auch in einem Verfahren gegen zwei SD-Mitglieder verwendet, die maßgeblich an den Massenmorden in Ponary beteiligt waren. Martin Weiss und August Hering mussten sich ab dem 25. Januar 1950 vor dem Schwurgericht Würzburg wegen tausendfacher Tötungsdelikte verantworten. Zuvor hatte die polnische Regierung schon die Auslieferung der Massenmörder zur juristischen Aburteilung gefordert. Dieses Ersuchen lehnte die US-Besatzungsmacht jedoch im Herbst 1949 ab.[91] Somit war der Weg für die deutsche Gerichtsbarkeit frei: die in Untersuchungshaft einsitzenden Angeklagten konnten für ihre Verbrechen zur Rechenschaft gezogen werden. Dies war gleichzeitig der erste vor einem Gericht der Bundesrepublik Deutschland geführte Prozess gegen Angehörige der Einsatzgruppen und Einsatzkommandos der Sicherheitspolizei und des SD.[92]

Der 1903 in Karlsruhe geborene Handwerksmeister Weiss trat 1934 der Reiter-SS bei, nahm als Angehöriger der Waffen-SS am Überfall auf Frankreich teil und wechselte im Frühjahr 1941 zu der im Aufbau befindlichen Einsatzgruppe A. Hering wurde 1910 als so genannter Baltendeutscher in Hibarden (Litauen) geboren. Im Juni 1941 erhielt der Motorenschlosser vom Reichssicherheitshauptamt in Berlin den Befehl, sich bei der Einsatzgruppe A zu melden. Weiss und Hering nahmen ab Sommer 1941 ihren Dienst in der Außenstelle des »Kommandeurs der

88 Nach der Befreiung versammelten sich mehrere hundert Juden in der Stadt Wilna. Insgesamt hatten 700 bis 1000 die Nazi-Herrschaft überlebt; die meisten von ihnen in den nahe gelegenen Wäldern. Einige hatten sich versteckt bzw. waren im Besitz von »arischen« Pässen. Gutman, Enzyklopädie des Holocaust, S. 1603.

89 Der Nürnberger Prozess, Bd. VIII, S. 340.

90 Ebd., Bd. XXI, S. 177 ff.

91 Lebenslängliches Zuchthaus für SD-Henker, Nürnberger Nachrichten vom 4. Februar 1950.

92 Adalbert Rückerl, NS-Verbrechen vor Gericht, Heidelberg 1982, S. 122.

Sicherheitspolizei und des SD Litauen« in Wilna auf, wo sie vorwiegend im so genannten Judenreferat tätig waren. Als Verbindungsmänner zu einem Sonderkommando, das sich aus bis zu 150 litauischen Freiwilligen zusammensetzte, koordinierten und beaufsichtigten sie alle gegen die jüdische Bevölkerung gerichteten Maßnahmen einschließlich der Exekutionen.[93] Bei den Bewohnern des Ghettos galten Weiss und Hering als »die eigentlichen Chefs des Ghettos« und somit als die »Herren über Leben und Tod«.[94] Die SD-Männer befehligten u. a. auch die regelmäßig von deutscher Polizei und litauischen Hilfskräften im Ghetto Wilna durchgeführten Razzien. Dabei wählten sie »in zahllosen Einzelfällen persönlich die Menschen aus, die den Erschiessungstransporten zugeteilt« wurden und begleiteten den Zug der Todgeweihten auf ihrem Marsch nach Ponary. Hering und Weiss nahmen »als speziell vorgesehene Überwachungsorgane des SD« an zahlreichen Massenexekutionen teil, wobei der »Angeklagte Weiss insgesamt der Erschiessung von mindestens 30 000 Menschen, der Angeklagte Hering von mindestens 4 000 Menschen« beiwohnte. Nach Erkenntnissen des Gerichts erteilten sie überdies »dem litauischen Sonderkommando die für die Exekutionen erforderlichen Befehle«.[95] Da keine Dokumente oder anderes schriftliches Beweismaterial vorlagen, stützte sich das Gericht hauptsächlich auf die Aussagen von rund 40 Belastungszeugen. Als die jüdischen Überlebenden den Mördern ihrer Familienangehörigen und Freunde gegenüberstanden, kam es zu erschütternden Szenen. Auch die deutschen Zuhörer waren angesichts der schier unfassbaren Verbrechen emotional aufgewühlt, wie einem zeitgenössischen Zeitungsbericht zu entnehmen ist: »Vor und nach den Verhandlungen konnte das überstarke Polizeiaufgebot die Angeklagten kaum vor der erbitterten Menge schützen.«[96] Der Prozess stieß aber nicht nur in der deutschen Öffentlichkeit auf außerordentliches Interesse, sondern wurde auch von zahlreichen Beobachtern aus dem Ausland gespannt verfolgt.[97] Nach nur sieben Verhandlungstagen wurden die beiden SD-Männer am 3. Februar 1950 vom Landgericht Würzburg zu lebenslangen Freiheitsstrafen verurteilt. Obwohl »die Angeklagten, wie die Beweisaufnahme ergab, in zahlreichen, rein willkürlichen, persönlichen und allen menschlichen Empfindungen hohnsprechenden Einzelakten bei

93 Vgl. Urteil des Landgerichts, in: Universität Amsterdam, Justiz und NS-Verbrechen, Bd. VI, S. 73–91.
94 Ebd., S. 77 f.
95 Ebd., S. 78 f.
96 Lebenslängliches Zuchthaus, Nürnberger Nachrichten vom 4. Februar 1950.
97 Die zwei Seelen in seiner Brust, Main-Post, Würzburg vom 2. Februar 1950.

den verschiedensten Gelegenheiten eigenhändig Männer, Frauen oder Kinder der jüdischen Bevölkerung von Wilna und Umgebung«[98] erschossen hatten, kamen in der Verhandlung nur einige Fälle zur Sprache: Martin Weiss wurden sieben Morde[99] und Beihilfe zum Mord in mindestens 30 000 Fällen nachgewiesen. August Hering erhielt seine Strafe für einen Mord und Beihilfe zum Totschlag in mindestens 4 000 Fällen.[100] Mit einer Entschließung des Bayerischen Justizministeriums wurde dem Mörder Weiss am 25. Januar 1971 seine lebenslange Strafe zur Bewährung ausgesetzt und 1977 schließlich auf dem Gnadenweg erlassen. Bereits am 18. März 1959 hatte das Bayerische Justizministerium das Urteil gegen August Hering in eine 15-jährige Zuchthausstrafe umgewandelt und setzte diese Zeitstrafe neun Monate später, am 20. Dezember 1959, zur Bewährung aus.[101] Am 17. November 1992 verstarb der NS-Scherge im Alter von 82 Jahren.[102]

Im Jahre 1959 leitete die Staatsanwaltschaft Frankfurt Ermittlungen gegen Angehörige des Einsatzkommandos 3 bzw. der Sicherheitspolizei für den Generalbezirk Litauen ein. Gegenstand des Verfahrens war u. a. die Verfolgung und Ermordung litauischer Juden in Ponary.[103] Der frühere SS-Hauptsturmführer und Kriminalrat a. D., Heinrich Sch., wurde beschuldigt, »Ende 1942 eine Erschiessung von 2 000 jüdischen Männern, Frauen und Kindern in Ponary« befehligt zu haben. Dabei soll er »selbst mehrere Juden, die zu schreien begannen oder ohnmächtig wurden«, erschossen haben. Bei der Auflösung des Zwangsarbeiterlagers Heereskraftfahrzeugpark in Wilna beteiligte er sich zudem an der Suche nach versteckten Juden. »Die er fand, erschoss er auf der Stelle«, so die Erkenntnisse der deutschen Staatsanwaltschaft.[104] SS-Untersturmführer Erich W. und SS-Obersturmführer Oberregierungsrat Peter E. erteilten dem »litauischen Erschiessungskommando die Einsatzbefehle für die wöchentlich mehrmals stattfindenden Erschiessungen in Ponary« und ande-

98 Urteil des Landgerichts Würzburg, in: Universität Amsterdam, Justiz und NS-Verbrechen, Bd. VI, S. 79.

99 In einem Wiederaufnahmeverfahren wurde Weiss am 21. September 1967 vom Landgericht Würzburg vom Vorwurf des Mordes in einem Fall freigesprochen. Ebd., S. 89.

100 Ebd., S. 73.

101 Staatsanwaltschaft Würzburg, Akte 542, Staatsarchiv Würzburg.

102 Ernst Klee, Das Personenlexikon zum Dritten Reich, Frankfurt/M. 2003, S. 246 f.

103 Vgl. Ermittlungsbericht des Oberstaatsanwalts Wolf.

104 Ebd., S. 56 ff.

ren Orten.[105] Polizeiobermeister Horst Sch. überbrachte den Schützen an der Exekutionsstätte die Mordbefehle, kontrollierte einige Erschießungen und »leitete die Aktion, bei der um die Wende November/Dezember 1941 1600 Personen in Ponary erschossen wurden«.[106] Kriminalhauptkommissar Heinrich E., SS-Obersturmführer und Kommandeur der Sicherheitspolizei in Wilna, überwachte bei der so genannten Landghettoaktion vom April 1943, bei der ca. 4000 Juden getötet wurden, »auf dem Bahnhofsgelände in Ponary die Entladung der Eisenbahnwagen«.[107] Dabei wurde er vom SS-Untersturmführer Kriminalassistent Herbert A.[108], SS-Oberscharführer Kriminalobermeister Kurt R.[109], Kriminalsekretär a. D. SS-Scharführer Paul L.[110] und SS-Sturmscharführer Max G. [111], die als Wachposten eingesetzt waren, unterstützt. Nachdem die jüdischen Männer, Frauen und Kinder aus den Waggons getrieben worden waren, war Kommandeur Heinrich E. noch »eine Zeitlang bei den Erschiessungen zugegen«.[112] Im Unterschied dazu legte SS-Scharführer Philipp K. selbst Hand an und erschoss mit seiner Maschinenpistole in »zahlreichen, im einzelnen noch nicht festgestellten Fällen jüdische Männer, Frauen und Kinder« in Ponary.[113] Kriminalsekretär i. R. SS-Sturmscharführer Heinrich D. brachte im April 1944, »zusammen mit zwei anderen Angehörigen der Dienststelle, einen jüdischen Rechtsanwalt und dessen litauische Ehefrau, die sich trotz Aufforderung von ihrem Ehemann nicht trennen wollte, nach Ponary und erschoss sie dort«.[114] Dagegen sah sich SS-Unterscharführer Walter M. lediglich mit dem Vorwurf konfrontiert »dreimal« an nicht näher bezeichneten Erschießungen in Ponary »als Sicherungsposten« teilgenommen zu haben.[115]

Gegen keinen der genannten Beschuldigten wurde ein Hauptverfahren eröffnet. Zwei der Angeschuldigten (Herbert A., Heinrich Sch.,) starben während der gerichtlichen Voruntersuchungen. Im August 1966 stellte

105 Ebd., S. 61 f.
106 Ebd., S. 63 f.
107 Ebd., S. 67 f.
108 Ebd., S. 68.
109 Ebd., S. 69.
110 Ebd., S. 69 f.
111 Ebd., S. 65.
112 Ebd., S. 68.
113 Ebd., S. 66.
114 Ebd., S. 67.
115 Ebd., S. 70.

die 1. Strafkammer des Landgerichts Wiesbaden die Ermittlungen gegen Max G., Heinrich E., Paul L., Walter M. und Kurt R. ein, während die 2. Strafkammer fünf Jahre später, im Dezember 1971, die Verfahren gegen Heinrich D., Peter E., Philipp K., und Erich W. »außer Verfolgung« setzte. Im Januar 1973 verfügte dieselbe Kammer die Einstellung der Ermittlungen gegen den letzten Beschuldigten, Horst Sch.[116]

SS-Standartenführer Karl Jäger, der sich in seinem nach ihm benannten Bericht rühmte, als Kommandeur des Einsatzkommandos 3 die Exekution von 137 346 litauischen Juden befohlen zu haben,[117] konnte nach dem Krieg zunächst untertauchen und lebte unter falschem Namen als Landarbeiter in der Nähe von Heidelberg. Im April 1959 wurde er enttarnt und festgenommen. Nach zwei Monaten verübte er im Juni 1959 in der Untersuchungshaftanstalt Hohenasperg Selbstmord.[118]

Am 14. Mai 1962 begann vor dem Landgericht Berlin der Prozess gegen den ehemaligen SS-Obersturmbannführer Alfred Filbert und weitere Angehörige des EK 9. Der Angeklagte war ab 1935 Mitarbeiter des SD-Hauptamtes in Berlin. In dem 1939 von Heydrich errichteten Reichsicherheitshauptamt bekleidete er den Posten des stellvertretenden Amtschefs der Abteilung Auslandsnachrichtendienst. Im Juni 1941 wurde Filbert als Führer des Einsatzkommandos 9 der Sicherheitspolizei und des SD in die Sowjetunion abkommandiert. Nach dem Krieg lebte er bis 1949 unter dem Namen Dr. Selbert in Niedersachsen. Danach arbeitete Alfred Filbert unter seinem richtigen Namen bei der Braunschweig-Hannoverschen Hypothekenbank. Ein Jahr nach seiner Ernennung zum Leiter der Berliner Filiale wurde er verhaftet und im Februar 1959 in Untersuchungshaft genommen.[119] Wie bereits erwähnt, »straffte« Filbert nicht nur »die Organisation der Tötungen« in Wilna, er erteilte auch die Befehle, dass die jüdischen Opfer »aus ihren Wohnungen geholt und dann kolonnenweise nach Ponary getrieben«[120] wurden. In der Beweisaufnahme kam das Gericht zu dem Schluss, dass Filbert die Ermordung von mindestens 4000 Juden im Raum Wilna angeordnet habe.[121] »Sein Auftreten

116 Hessisches Hauptstaatsarchiv Wiesbaden, JS-Register der Geschäftsstelle 4 (4 JS 1106/59), Abt. 461, Zugang 84/2001, Nr. 32438.

117 Jäger-Bericht, S. 6.

118 Klee, Das Personenlexikon zum Dritten Reich, S. 280.

119 Vgl. Urteil des Landgerichts Berlin gegen Alfred Filbert, in: Universität Amsterdam, Justiz und NS-Verbrechen, Bd. XVIII, S. 605–651.

120 Ebd., S. 616.

121 Ebd., S. 618.

während dieses Einsatzes war das eines überzeugten Nationalsozialisten.«[122] Zudem konnte der NS-Scherge weiterer Verbrechen überführt werden, sodass er am 22. Juni 1962 wegen »gemeinschaftlichen Mordes an 6800 Menschen« zu lebenslanger Freiheitsstrafe verurteilt wurde.[123] Nur 13 Jahre später wurde Alfred Filbert wegen Haftunfähigkeit entlassen. Er starb am 30. Juli 1990 kurz vor Vollendung seines 85. Lebensjahres.[124]

Verfahren in der DDR, in Polen und in der Sowjetunion

Im März 1947 vernahm die »sowjetische Militärverwaltung der Provinz Sachsen« den in Berlin wohnhaften Tischler Erich Schlegel. Er kam während des Krieges zunächst als Hauptwachtmeister im 9. Polizeibataillon in Litauen zum Einsatz.[125] Wie seiner Aussage zu entnehmen ist, beteiligte er sich neben Massenerschießungen in Kowno auch an Exekutionen in Ponary: »In Wilna fand die erste Erschießung sowjetischer Bürger, an der ich teilgenommen hatte, Ende September oder Anfang Oktober 1941, statt, und zwar in Ponari. ... Die Menschen, welche zur Erschießung bestimmt worden waren, wurden aus dem städtischen Gefängnis abgeholt und mit Lastwagen zum Erschießungsort gebracht. Nachdem wir zum Ort der Erschießung zusammen mit dem Erschießungskommando, bestehend aus den SD-Angehörigen, litauischen Soldaten und einigen Polizisten, kamen, begannen wir um 9 Uhr morgens zu erschießen. ... Insgesamt wurden an diesem Tag ungefähr 300 sowjetische Bürger erschossen. ... Anfang Oktober 1941 wurden an demselben Ort Ponari ungefähr 800 sowjetische Bürger, worunter auch Kinder waren, von einigen Polizisten, SD-Angehörigen und litauischen Soldaten erschossen.«[126] Noch 1947 verurteilte ein sowjetisches Gericht den »Kriegsverbrecher Erich Schlegel ... zu 25 Jahren Freiheitsentzug«.[127] Weitere Informationen liegen nicht vor.

122 Ebd., S. 607.
123 Ebd., S. 631 f.
124 Klee, Das Personenlexikon zum Dritten Reich, S. 150. Klee führt den Vornamen Filberts mit Albert an. Sowohl in den Gerichtsakten als auch in der Literatur wird jedoch Filberts Vorname stets mit Alfred angegeben.
125 Übersetzung des Vernehmungsprotokolls von Erich Schlegel durch die Abteilung für innere Angelegenheiten der sowjetischen Militärverwaltung Deutschlands vom 12. März 1947. Zentrale Stelle Ludwigsburg, 207 AR-Z 14/58, Bd. VIII, S. 1 f.
126 Ebd., S. 3 f.
127 Ebd., S. 6.

Im Dezember 1973 meldete die *Allgemeine Jüdische Wochenzeitung* in einer kurzen Notiz die Verurteilung von drei polnischen Staatsbürgern »zum Tode durch den Strang«. Als Mitglieder eines Sonderkommandos sollen die Männer zwischen 1941 und 1944 an »der Ermordung von zahlreichen Insassen des Konzentrationslagers Ponary in Nordostpolen beteiligt gewesen sein«, berichtete die Zeitung.[128] 1976 wurde in Polen erneut ein ehemaliges Mitglied des litauischen Mordkommandos entdeckt und inhaftiert. Er arbeitete zu dieser Zeit als Musiker beim Warschauer Theaterorchester. Bei den Vernehmungen räumte der Mann ein, »daß er wie auch seine Frau regelmäßig Kleidung trugen, die Juden gehört hatte, an deren Ermordung er in Paneriai (Ponary) beteiligt war«.[129] Über das Schicksal dieses Angeklagten liegen keine Erkenntnisse vor.

Wenngleich die Zahl der jüdischen Opfer in Ponary bekannt ist, bleibt die Zahl der zur Verantwortung gezogenen litauischen Täter im Dunkeln. Zwar hatten die sowjetischen Behörden sofort nach der Befreiung Wilnas mit den Vernehmungen[130] der wenigen Überlebenden der Vernichtungsaktionen begonnen und manchen Mörder identifizieren können,[131] doch wird es die Aufgabe zukünftiger Forschungen bleiben, herauszufinden, wie viele der »hochqualifizierten Berufsmörder«[132] letztlich zur Verantwortung gezogen wurden. Denn allein in Litauen dienten im September 1942 16600 Einheimische in den so genannten Schutzmannschafts-Bataillonen, die direkt oder indirekt am Morden beteiligt waren. »Damit dokumentiert sich der hohe Grad an Verläßlichkeit, den die Besatzer den litauischen Kollaborateuren insgesamt beimaßen.«[133]

Erst 1994 wurden in Litauen zum ersten Mal offizielle Angaben hinsichtlich der am Judenmord beteiligten und bestraften Personen veröffentlicht. Danach sollen die sowjetischen Gerichte insgesamt 250 Mörder hingerichtet und rund 1000 zu langjährigen Haftstrafen verurteilt haben.[134] Vielen Angehörigen von litauischen Erschießungskommandos oder Polizeieinheiten gelang rechtzeitig die Flucht in westliche Emigra-

128 Sühne für NS-Verbrechen, Allgemeine Jüdische Wochenzeitung vom 7. Dezember 1973.

129 MacQueen, Massenvernichtung im Kontext, S. 26, Anmerkung 23.

130 Übersetzungen von Zeugenvernehmungen durch die sowjetischen Behörden befinden sich u.a. im Archiv der Zentralen Stelle Ludwigsburg, 207 AR-Z 14/58, Bd. VIII.

131 Gutman, Enzyklopädie des Holocaust, S. 873.

132 Solomon Atamuk, Juden in Litauen, Konstanz 2000, S. 173.

133 Stang, Kollaboration und Massenmord, S. 188.

134 Atamuk, Juden in Litauen, S. 174.

tionsländer. Erst in den 80er Jahren wurden vereinzelt Litauer wegen Kriegsverbrechen vor amerikanische, kanadische oder australische Gerichte gestellt.[135]

Der Massenmord in Ponary, ein entscheidender Schritt zur »Endlösung«

Bis Kriegsbeginn versuchte das NS-Regime in seinem Herrschaftsbereich die jüdische Bevölkerung durch Vertreibung oder Aussiedlung deutlich zu reduzieren. Obwohl in nur fünf Jahren rund 160 000 deutsche Juden das Land verlassen hatten, lebten durch den »Anschluss« Österreichs im Jahre 1938 nun wieder 540 000 jüdische Männer, Frauen und Kinder im Reichsgebiet. Das waren 25 000 Menschen mehr als zu Beginn der Nazi-Zeit.[136] Mit dem Überfall auf Polen, der Besetzung von Frankreich sowie weiterer Länder befanden sich außerdem viele vorher ausgewiesene bzw. geflüchtete Juden aus Deutschland erneut im Machtbereich der Nazis. Hinzu kam jeweils noch die einheimische jüdische Bevölkerung. Infolge der fortschreitenden Ghettoisierung im Osten und der unmenschlichen Bedingungen in den Konzentrationslagern, starben immer mehr Juden. Trotzdem meldeten sich zunehmend Stimmen, die eine endgültige »Beseitigung« der Minderheit forderten. Ab 1940 favorisierte Heydrichs Reichssicherheitshauptamt daher zunächst das so genannte Madagaskar-Projekt, bei dem Millionen europäischer Juden auf die vor der Südostküste Afrikas liegende Insel deportiert werden sollten. Dieser Plan »war der letzte größere Versuch, ›die Judenfrage‹ auf dem Wege der Auswanderung zu lösen«[137], schreibt Raul Hilberg in seinem Standardwerk *Die Vernichtung der europäischen Juden*. Das Madagaskar-Projekt stellte sich jedoch schon bald als undurchführbar heraus und wurde im Herbst 1940 endgültig zu den Akten gelegt.[138] So erklärte Generalgouverneur Hans Frank in einer Rede vor Polizisten am 30. Mai 1940, »daß wir hier im Generalgouvernement Konzentrationslager im eigentlichen Sinne nicht einrichten wollen. Wer bei uns verdächtig ist, der soll gleich liquidiert werden.«[139] Der Überfall auf die Sowjetunion markierte einen weiteren wichtigen Wendepunkt in dem

135 Gutman, Enzyklopädie des Holocaust, S. 873.

136 Raul Hilberg, Die Vernichtung der europäischen Juden. Die Gesamtgeschichte des Holocaust, Westberlin 1982, S. 279.

137 Ebd., S. 281 f.

138 Gutman, Enzyklopädie des Holocaust, S. 915 ff.

139 Der Nürnberger Prozess, Bd. VII, S. 517.

sich radikalisierenden Prozess des Judenhasses, der schließlich in der kompletten Auslöschung des europäischen Judentums kulminieren sollte.

Als die Deutschen im Juni 1941 in Litauen einfielen, waren dort (einschließlich des Wilnaer Gebiets) rund eine viertel Million Juden ansässig. Davon lebten Ende des Jahres nur noch 40 000[140], innerhalb von sechs Monaten wurden somit über 80 Prozent der jüdischen Bevölkerung »unter tätiger Teilnahme litauischer Helfer zwar, aber in deutscher Verantwortung«[141] erbarmungslos abgeschlachtet. Mit der massenhaften Ermordung kompletter Familien in Ponary, »einem der ersten provisorischen Vernichtungslager«[142], durch mobile Tötungskommandos und stationäre SD-Einheiten war das letzte Tabu gebrochen. Daher konnten die Einsatzgruppen der Sicherheitspolizei und des SD in Litauen schon im Januar 1942 in ihrem Tätigkeits- und Lagebericht melden, dass »das flache Land und die kleineren Städte vollständig von Juden gesäubert« worden waren.[143] Im Vergleich zu anderen von den Nazis besetzten Ländern war die exzesshafte Steigerung der Mordrate in Litauen einzigartig und ist daher als Auftakt der »Endlösung« anzusehen.

Die deutschen SS- und Polizeieinheiten waren sich »der an sie gestellten Erwartung, die ›Endlösung‹ auf sowjetischem Territorium durchzuführen, durchaus bewusst«, schreibt Christopher Browning in seiner soeben vorgelegten Studie *Die Entfesselung der »Endlösung«*. Obwohl in keinem »einzigen Dokument das genaue Datum und die Art der Entscheidung für die ›Endlösung‹ auf sowjetischem Territorium erwähnt wird«, waren schon im Zeitraum von Mitte Juli bis Mitte August 1941 »– insbesondere in Litauen – bereits entsprechende Mordoperationen im Gang«.[144] Es dauerte nicht lange, bis sich der als Weltanschauungskrieg postulierte Feldzug zum Genozid an den europäischen Juden entwickelt hatte. Die gnadenlosen Exekutionen in Ponary waren ein entscheidender Schritt dorthin. Sie

140 Gutman, Enzyklopädie des Holocaust, S. 873.

141 Wolfgang Benz (Hg.), Jahrbuch für Antisemitismusforschung 6, Frankfurt/M. 1997, S. 9.

142 Hans-Heinrich Wilhelm, Die Einsatzgruppe A der Sicherheitspolizei und des SD 1941/42, in: Krausnick/Wilhelm, Die Truppe des Weltanschauungskrieges, S. 560.

143 Tätigkeits- und Lagebericht Nr. 9 der Einsatzgruppen der Sicherheitspolizei und des SD in der UdSSR, Berichtszeitraum Januar 1942, in: Klein, Die Einsatzgruppen, S. 281.

144 Christopher Browning, Die Entfesselung der »Endlösung«. Nationalsozialistische Judenpolitik 1939–1942, München 2003, S. 453 f.

zeigten den Nazis allerdings schon bald die Grenzen des »konventionellen« Massenmordes auf. »Die bestehenden Vernichtungsstellen im Osten sind nicht in der Lage, die beabsichtigten großen Aktionen durchzuführen. Ich habe daher Auschwitz dafür bestimmt«, erinnerte sich Rudolf Höß rückblickend an den Sommer 1941.[145] Einige Wochen später, am 3. September 1941 wurde im Konzentrationslager Auschwitz erstmals der Einsatz von Zyklon B an sowjetischen Kriegsgefangenen getestet,[146] am 20. Januar 1942 auf der Berliner Wannsee-Konferenz die »Endlösung der Judenfrage« formal beschlossen.

145 Rudolf Höß, Kommandant in Auschwitz, München 1979, S. 157.
146 Gutman, Enzyklopädie des Holocaust, S. 1671.

Exhumierte Leichen aus einem der Massengräber von Ponary.
Fotoarchiv: Beth Lochame Haghetaot, Israel.

Das Tagebuch des Kazimierz Sakowicz

Übertragen aus dem Polnischen
von Elisabeth Nowak

1941

Juli 1941

Das Wetter ist recht schön, warm, weiße Wolken, Wind. Es ist der 11. Juli – vom Wald [kommen] Schüsse. Anscheinend finden dort Übungen statt, da sich im Wald, auf dem Weg zum Dorf Nowosiółki, ein Munitionsdepot befindet. Es ist etwa vier Uhr nachmittags. Die Schüsse dauern eine Stunde, zwei Stunden. Auf der *Grodzienka*[1] erfahre ich, dass man viele Juden in den Wald getrieben hat. Und plötzlich schießt man [auf] sie.
Es war der erste Tag der Erschießungen. Ein belastender Eindruck. Die Schüsse verstummten nach acht Uhr abends, danach gab es keine Salven mehr, sondern nur einzelne Schüsse. Es wurden 200 Juden gesehen. Auf der *Grodzienka* steht ein litauischer Militärposten, der die Passanten überprüft.
Am nächsten Tag, dem 12. Juli, am Samstag, wissen wir bereits, was das bedeutet, als um circa drei Uhr nachmittags eine große Gruppe von Juden – ungefähr 300 Leute – in den Wald geführt wird. Überwiegend Intelligenz, gut gekleidet, mit Koffern, bekannt aus dem Wirtschaftsleben. Eine Stunde später begannen die Gewehrsalven. Es wurden jeweils 10 Personen auf einmal erschossen. Man zog ihnen die Mäntel, Mützen und Schuhe aus (aber nicht die Hosen!).
Weitere Erschießungen fanden an folgenden Tagen statt: 13., 14., 15., 16., 17., 18. Juli und am Samstag, den 19. Juli.
Es schießen *Szaulisi*[2], junge Burschen zwischen 17 und 25 Jahren. Im Haus von Juchniewicz hat sich ein Militärposten eingenistet, der die Gegend bewacht. Eine Gruppe von Juden (5 Personen) geht zum Posten, holt sich Schaufeln. Es zeigt sich, sie werden die gestern Erschossenen [mit Erde] bedecken. So geht es die ganze Woche. Dann wird der Militärposten bei Juchniewiczs geräumt. Nur *Szaulisi* schießen und halten Wache. Der Posten auf der *Grodzienka* hält alle Juden an, die entweder aus Drusk[ienniki][3] in

1 Die Landstraße nach Grodno; Stadt in Weißrussland, die zwischen den Weltkriegen zu Polen gehörte.
2 Szaulisi (lit.): Schützen; Singular Szaulis.
3 Sakowicz schrieb nur die Abkürzung »Drusk«.

die Stadt[4] zurückkehren oder von der Stadt kommen und gliedert sie in die Gruppe ein, die zur »Arbeit« geht. Auf diese Weise werden zwei junge Juden und eine Jüdin, die auf der Wilnaer Landstraße unterwegs waren, an die Gruppe »angehängt«. An den nächsten drei Tagen, d. h. an dem 20., 21. und 22. Juli [war es] still.

23. Juli

Ein schöner Tag. Es wurden ungefähr 500 Personen hergetrieben. Man schoss, bis es spät wurde. Man hörte Schreie: »Ich bin kein Kommunist«, »Was macht ihr?«. [Die Opfer] ergriffen die Flucht. Die ganze Nacht lang und noch am Morgen wurde im Wald geschossen. Man fing Leute ein, schoss [auf die Flüchtlinge] und gab Fangschüsse ab. [Darunter befanden sich] viele Intellektuelle. Einige Personen entkamen nach Jagiellonów. Dort wurden sie gestellt und erschossen, es scheint aber, dass einigen die Flucht über die Straße nach Grodno gelang.

Seit dem 14. Juli zieht man die Leute bis auf die Unterwäsche aus, der Handel mit der Kleidung blüht. Fuhrwerke aus dem Dorf Górale [sieht man] am Bahnübergang (*Grodzienka*).

Eine Scheune [dient als] Kleiderdepot, hier wird die Kleidung zunächst in Säcke gepackt und dann weggebracht.

Handel auf Hochtouren. Man kauft Kleider für 100 Rubel und findet [im Futter] eingenähte 500 Rubel! *Szaulisi* mit vollgestopften Rucksäcken voller Uhren, Geld usw. [Tausch]handel auf Hochtouren – für eine Dreiviertelliterflasche Skaidrioja[5] [bekommt man] Kleider usw.

Auf der Landstraße stehen Jüdinnen und fragen, wo es hier Arbeit gibt.

Seit dem 23. wurde bis Monatsende geschossen, außer am Sonntag, dem 27. Juli.

Insgesamt wurden an 17 Tagen im Juli jeweils durchschnittlich 250–300 Personen erschossen, das heißt, wenn man 275 Personen pro Tag rechnet, [ergibt das] 4675 Personen (nur Männer einschließlich einer Frau). Außerdem wurden fast jeden Tag einige Personen, manchmal einige Dutzend mit Autos gebracht, vermutlich [waren es] kommunistische hohe Funktionäre. Somit wurden im Juli insgesamt rund 5000 Personen erschossen. Raben, die Raben bleiben, Schüsse verscheuchen sie.

4 Es ist die Stadt Wilna gemeint.

5 Ein selbst gebrannter Schnaps.

August 1941

Man [er]schoss am 1. und 2. August Gruppen von jeweils mehr als 300 Personen. Kiejzik nistete sich bei Wereszka ein.
Piotr Kiejzik, ein [ehemaliger] Zögling aus dem litauischen Kinderheim von Pater Bieliauskas in Zarzecze, wütet. Kiejzik, [ist als] Dieb [bekannt], er beraubte die Druckerei der »Ruch«[6] in Podbrodzie.
Er [Kiejzik] schleppt Kleider nach 9 Uhr abends, wenn ihn niemand sieht, da man [um diese Zeit] nicht ausgehen darf. Die Leute, die Kleider anbringen, kommen an uns vorbei. Einen von ihnen frage ich, ob er mir die Kartoffeln, die er im Sack auf dem Rücken trägt, nicht verkaufen könne. Er geht wortlos weiter zu Wereszka. Kiejzik erpresst die Juden in Ponary, wie etwa die Familien Ponas und Szapiro. Ponas raubte er ein Radio und, so wie ich hörte, auch viele andere Sachen. Er dringt eigenmächtig in die Häuser ein, [mit dem Vorwand] nach Waffen [zu suchen] und trägt anschließend Kleidung heraus. Für die Deutschen bedeuten 300 Juden 300 Feinde der Menschheit, für die Litauer sind es 300 Paar Schuhe, 300 Hosen usw.
Vom 3. bis einschließlich 5. August wurde nicht geschossen.

6. August[7]
Circa 300 Leute, alle mit Bündeln, hinter ihnen ein paar Fuhrwerke mit Koffern. [Die Leute] gehen über die Ponary-Siedlung zum »Arbeitseinsatz«.

7. August
Es wurde nicht geschossen.

8. August
Circa 200 Personen wurden erschossen. Man schießt nur am Nachmittag. Auf dem Weg [zur Hinrichtung] wird [werden die Opfer] mit Stöcken geschlagen. Kassel Dawid [sagt]: Wir waren auf der Landstraße, arbeiteten.

6 Genossenschaft bzw. politische Gruppierung in Polen.
7 Sakowicz schrieb 6. VII., offensichtlich ein Fehler.

9. und 10. August
Es wurde nicht geschossen.

11. August
Der erste Tag [an dem nicht am Nachmittag sondern] um ca. 8 Uhr morgens [geschossen wurde] (denn diese Arbeit kann man kaum des Nachts machen).
Die Tochter eines gewissen Z. Bialostocki, aus der Franciszkanskastraße [erzählte mir]: die Eltern wurden am Samstag, dem 9. August, nach Lukiszki[8] und am Montag nach Ponary gebracht. Die Tochter hatte eine Bescheinigung[9], aber [sie bekam sie bzw. sie kam] zu spät, da [ihre Eltern] zwischen 9 und 11 Uhr erschossen wurden, und [als sie ankam] war es bereits 3 Uhr nachmittags.

11. August[10]
Ein Personenwagen [mit dem Kennzeichen] NV-370 fuhr vor. Zwei vergnügte litauische »Damen« in Begleitung eines »Herrn« machten einen Ausflug mit dem Auto, um sich die Erschießungen anzusehen. Nach den Erschießungen kamen sie zurück, ohne dass ich Trauer in ihren Gesichtern bemerkt hätte.
Im Juli ereignete sich ein Vorfall, dass man eine Gruppe von Juden zur Gymnastik auf einem Feld bei Nowosiólki zwang, um sie müde zu machen.
Vom 12. bis einschließlich 15. August wurde nicht geschossen.

16. August
Eine Gruppe von ca. 200 Personen, darunter eine Jüdin am Arm [eines Mannes], im dunkelblauen Kleid mit weißen Tupfen; sie war mittleren Alters und sah verhärmt aus, es war die erste Frau in der Gruppe aus Wilna. [In der Gruppe befanden sich] viele Kinder, zwischen 12 und 15 Jahren sowie Greise, die getragen wurden, weil es keine Fuhrwerke mehr gab.

8 Gefängnis in Wilna. Viele Juden waren vor ihrer Exekution in Ponary zunächst im Lukiszki-Gefängnis inhaftiert.
9 Möglicherweise waren die Getöteten im Besitz einer Arbeitsbescheinigung.
10 Im Original ist der 11. VII. angegeben, sicherlich meinte Sakowicz den 11. August.

Fuhrwerke [benutzte man] nur ein paar Tage lang, danach gab man sich damit nicht mehr ab.

17. und 18. August
Es wurde nicht geschossen.

19. August
[Diesmal] waren es schon zwei Frauen, eine von ihnen war blond und kultiviert[11] – insgesamt etwa 100 Personen, viele Jugendliche.
Ein Karaim[12] wurde auf der Straße abgefangen. Er war bereits in der Grube, aber dann ließ ihn ein Deutscher, der zu Beginn der Hinrichtung [anwesend] war und an den er [der Karaim] sich wandte [und ihm mitteilte], er sei kein Jude, frei. [Der Karaim] trank dann noch etwas Wasser bei den Rudzinskis und ging anschließend nach Wilna. Angeblich wohnt er jetzt in der Kijowskastraße.
Man erschießt Leute gruppenweise, von hinten, in den Rücken oder man tötet sie mit Handgranaten oder Maschinengewehren, wenn es regnet oder spät ist.
Einer [der Gefangenen] flüchtete, nur mit Unterwäsche bekleidet, bis nach Deginie. Man holte ihn ein und erschoss ihn. Kinder hüteten Kühe und er lief auf sie zu, sie aber flüchteten. Einige Meter von dort entfernt wuchs hoher Roggen.
Für gewöhnlich [er]schießt man Gruppen von jeweils zehn Personen; nur denen, die es wollen, verbindet man die Augen. Die nachfolgende Gruppe sieht die [Leichname der] vor ihnen Getöteten, da die Erschossenen nicht sofort mit Erde bedeckt werden.
Nein! Über die Leichen gehen die zukünftigen Leichen.

22. August, 11.30 Uhr vormittags
Wind. Zusammen mit meiner Frau bringe ich den Buchweizen ein. In diesem Augenblick sehen wir Kiejzik auf einem Weg in Richtung der

11 Sakowicz schrieb »intelligent«, er meinte vermutlich dass die Frau zur Intelligenz gehörte.
12 Jüdische Sekte, die im 8. Jahrhundert in Persien entstand. Karaim (oder auch Karaites) siedelten sich ab dem 17. Jahrhundert in der Ukraine, auf der Krim, in Litauen und Polen an. Nach der Nazi-Ideologie wurden die Karaim nicht als Juden betrachtet. Encyclopaedia Judaica, Bd. 10, Jerusalem 1996, S. 761 ff.

Grodnoer Landstraße rennen. Ich sage zu meiner Frau, dass wahrscheinlich ein neuer Judentransport zu erwarten sei, weil Kiejzik (in einem neuen Anzug) zur »Arbeit« eilt. Ich folge ihm. Auf der Landstraße führt man über 100 Personen, darunter 7 Jüdinnen, vorbei. Eine von ihnen sieht recht gut aus, sehr jung. 20 Minuten später rattern Gewehrsalven. Bei dem Häuschen[13] steht eine Frau. Es stellt sich heraus, dass sie eine Bedienstete des Besitzers der Sägemühle, Herrn Szapiro, ist. Sie erzählt, dass gestern, während er selbst auf dem Weg zur Arbeit war, sein Sohn, Sioma Szapiro, 18 Jahre alt und Schüler der letzten Klasse des polnischen Gymnasiums, auf der Straße gefangen genommen wurde. (Zur Zeit der Bolschewiki lag das Gymnasium in der Dominikanskastraße, gegenüber dem Magistrat.)
Diese Frau brachte ihm [Sioma Szapiro] einen Wintermantel, Essen und andere Sachen. Ich weiß nicht, was mit ihr später passierte. Sie war Christin; sie trug ihm, wie ich sehen konnte, unter anderem seinen Schulmantel hin.
Am 22. August ereignete sich folgendes: Auf dem Gelände[14] schlug einer der Juden einem Deutschen eine Flasche gegen die Schläfe. Der Deutsche stürzte hin und wurde weggebracht. Es geschah, als der Deutsche den zum Tode Verurteilten[15] ihre Wertgegenstände wegnehmen wollte.
Seit dem 22. August nehmen die Deutschen [den Delinquenten] alle Wertgegenstände ab und überlassen den Litauern nur die Kleidung usw.

22. August

Nach starkem Wind und dicken Wolken [herrscht] schönes Wetter (es war Freitag). [Ein Bus der] Arbon[16] [mit dem Kennzeichen] N 5401 fährt um 4 Uhr nachmittags nach Wilna zurück. Eine Stunde später, in der Nähe meines Hauses, wo ich Buchweizen ernte, sehe ich Kiejzik nach Hause zurückkommen. [Aus dem Bündel] aus einem Laken, das er auf dem

13 Im Original steht das polnische Wort »Budka«. Damit wird eine kleine Hütte, Häuschen oder Kiosk bezeichnet (vgl. dt. Bude). Hier ist entweder das Bahnwärterhäuschen oder der kleine Geräteschuppen, der neben dem Haupttor stand, gemeint.

14 Sakowicz benutzte den Ausdruck »Plaszczadka« – russisch Ploščadka: kleiner Platz, Plattform; hier die Hinrichtungsstätte auf der Waldlichtung.

15 Sakowicz benutzte das polnische Wort »Skazaniec«, das sowohl mit »Verurteilter« als auch mit »Delinquent« übersetzt werden kann. Keineswegs ging Sakowicz davon aus, dass der »Verurteilte« ein justizförmiges Verfahren durchlaufen hatte.

16 Busgesellschaft.

Rücken trug, schaut Kleidung hervor. Er geht ganz ruhig, jetzt schämt er sich vor niemandem. Er ist in Begleitung eines Litauers.

23. August, Samstag

Wunderschönes, warmes Wetter, 8.30 Uhr früh. Aus Wilna kommt der Arbon-Bus Nr. 5491. Tatsächlich?[17] Diesmal sind im Wagen einige Deutsche sowie einige Zivilisten und ungefähr 12 junge jüdische Frauen. Das Auto biegt in die *strategische*[18] Landstraße ein Richtung Wald. Bald höre ich jemanden weinen und erschreckend krampfartig stöhnen. Einen Augenblick später [folgt] eine Salve, dann fallen einige einzelne Schüsse und dann ist alles still. Um 9.30 fährt der Arbon-Bus (ohne Frauen) an der *Grodzienka* vorbei wieder Richtung Wilna zurück.

Die Begebenheit mit dem Karaim: Ich glaube, er wurde am 16. August der zur Erschießung bestimmten vierten Gruppe von 10 Menschen zugeteilt.

Es stellte sich heraus, dass es am 23. August zwei Gruppen von je 6 Jüdinnen gab, insgesamt also 12 Personen. Die erste Gruppe – junge Jüdinnen – wurde von Litauern erschossen. Kiejzik prahlte vor der Tochter von Hawel damit, dass sie, als sie sich nackt ausgezogen hatten, sehr schön ausgesehen hätten.

Die zweite Gruppe, die einige Stunden später ankam, wurde nicht mehr von *Szaulisi*, sondern von den Deutschen ermordet.

Es scheint, als ob die Deutschen [die nächste Gruppe] nicht an die *Szaulisi* übergeben hatten, sondern [die Leute] selbst töteten, als sie feststellten, dass die [Jüdinnen] nackt waren.

Dies hatte vermutlich zur Folge, dass die Litauer verärgert waren und sich an den Deutschen rächten, indem sie ihnen unterstellten, »ihre Rasse mit den Jüdinnen besudelt zu haben«. Denn, nachdem die Jüdinnen hergebracht wurden, wurden die *Szaulisi* von den Deutschen von der Stelle des Tumultes bis zu den Toren fortgejagt und es verging fast eine Stunde von der Ankunft [der Frauen] bis zu den ersten Schüssen.

Dass Kiejziks die Wahrheit über die Nacktheit [der Jüdinnen] sagte, wurde durch die Tatsache bestätigt, dass am nächsten Tag Seidenstrümpfe verkauft wurden.

17 Sakowicz fragte sich vermutlich, ob der Bus die nächsten Todeskandidaten bringt.

18 Eine Straße, die ursprünglich militärisch genutzt wurde und teilweise um die Hinrichtungsstätte führte.

24. und 25. August
Erschießungen fanden nicht statt.

26. August
Es wurden 88 Personen, darunter 6 Jüdinnen, erschossen. Die Mehrheit der Personen stammte nicht aus Wilna, wie an der Kleidung usw. zu erkennen war, sondern [kam] von außerhalb der Stadt, aus Kleinstädten. Ponary war also eine Art zentraler Stützpunkt[19].
Markowski ließ die Termine von Juli bis zum 25. August mitgehen.[20]
Im August wurde an folgenden Tagen geschossen: am 1., 2., 6., 8., 11., 16., 19., 22., 23., 26., insgesamt also an zehn Tagen. Es wurden 2000 Personen erschossen.
Bereits in der letzten Woche, d. h. zwischen dem 27. und 29. August, sagten die *Szaulisi* [voraus], dass in der kommenden Woche so viele Menschen während eines Tages erschossen werden würden, wie im ganzen August nicht. Und genau dies geschah.

September 1941

2. September, Dienstag – Wind. Starker Regen, Kälte, Wolken.
Um 7 Uhr morgens fahre ich nach Pirczupka. Auf der *strategischen* Landstraße fährt in Richtung der Hinrichtungsplätze ein Personenwagen, dem zwei Lastwagen mit Juden [beladen] folgen. Bereits in der Nähe von Chazbiejewicze hörte ich Schüsse. Eine halbe Stunde später [befand sich] auf der Landstraße eine auseinander gezogene Menschenschlange – genau vom Bahnübergang bis zur Kirche – 2 km lang (mit Sicherheit)! [Es waren so viele Personen, dass es] 15 Minuten lang [gedauert hat], bis sie alle im Laufschritt über den Bahnübergang gingen!

19 Da die sowjetischen Machthaber in Ponary ursprünglich ein Heizöllager errichten wollten, bezeichneten die Einheimischen das Gelände mit den Baugruben umgangssprachlich als Stützpunkt. Alabrudzinska, Die Ermordung der jüdischen Bevölkerung in Ponary, S. 3 f. Die NS-Henker übernahmen diesen Namen, um den Anschein zu erwecken, es gäbe in Ponary ein Arbeitslager. Vgl. S. 12.
20 Unklar, was der Autor damit meinte.

2. September

Es wurden bis zu 2000 Juden, darunter viele Frauen und Kinder, hergebracht.

Wie es sich später erwies, waren es 4000 Personen; dies sagt Jankowski, die anderen behaupten, es waren 4875 – lauter Frauen, viele Babys.[21] Als sie (von *Grodzienka*) in den Weg zum Wald einbogen, begriffen sie, was sie erwartete und schrieen: »Rettet uns«. Säuglinge in Wiegen, auf dem Arm usw.

Die Leute wurden geschlagen, bevor sie erschossen wurden (laut Jankowski). [Die *Szaulisi*] straften auf grausame Art und Weise sowohl Männer als auch Frauen. Die Männer wurden separat erschossen, die Frauen mussten sich bis auf die Unterwäsche ausziehen. Viele Sachen, Pelze und Wertgegenstände [hatten die Juden mitgenommen], da sie dachten, dass sie ins »Ghetto« gehen würden.[22]

Ein litauischer Unteroffizier ging in einem Damenpelz auf die Straße (laut Kalinowski). Er war betrunken. Bei den Hinrichtungen ging man so vor, dass sich die [zur Erschießung vorgesehene] Gruppe auf die Körper der vorher Getöteten stellen musste. Sie [die Opfer] gingen und gingen [buchstäblich] über die Leichen! Die Gräber wurden gleich am nächsten Tag zugeschüttet.

Es gab viele Verletzte. Eine Frau flüchtete nach Dolna. Ihre Hand war durchschossen. Sie konnte im Graben neben sich ihre zwei getöteten Kinder sehen, und in einer weiteren Grube kam ihr Mann um.

Heniek und seine Frau trafen am gleichen Tag 5 blutbefleckte Jüdinnen, ihre Kleidungen waren vom Draht zerfetzt.

Am nächsten Tag, dem 3. September (Mittwoch) kam eine Jüdin aus Wilna bei den Jankowskis vorbei; ein Litauer, *Szaulis* bemerkte sie. Er stürzte auf die Veranda und fragte: »Bist du Jüdin?« Als sie antwortete, ja, sie sei Jüdin, begann er sie brutal zu schlagen, zerrte die Frau in den Wald und erschoss sie dort.

21 Im Jäger-Bericht sind 3700 ermordete Juden aus »Wilna-Stadt« aufgeführt, darunter 864 Männer, 2019 Frauen und 817 Kinder. Jäger-Bericht, S. 5.

22 Zwei Mädchen überlebten dieses Massaker und konnten sich nach Wilna retten. Damit wurde erstmals die Wahrheit über Ponary im Ghetto bekannt. Der Chronist des Ghettos, Herman Kruk notierte die Berichte der Mädchen in seinem Tagebuch und schrieb »the dreadful thing is hard to describe. The hand trembles, and the ink is bloody. Is it possible that all those taken out of here have been murdered, shot in Ponar?«: Kruk, The Last Days of the Jerusalem of Lithuania, S. 89 ff.

Am 3. und 4. September lief der Handel mit Damenkleidung wieder auf Hochtouren! Am nächsten Tag wurde im Wald ein Kind gefunden, das bei einer Grube im Sand spielte. Man warf es in die Grube und erschoss es (laut Jankowski). In einem anderen Fall riss man ein Baby von der Mutterbrust weg und erschoss es (laut Krywkowa). Die oben genannten [Juden] wurden zur Strafe dafür erschossen, dass sie angeblich am Sonntag, dem 31. August, auf deutsche Soldaten in Wilna geschossen hatten.[23] In der Stadt war durch einen Aushang von Hans Christian Hingst[24] bekannt geworden, dass die für die Schießerei vom vergangenen Sonntag verantwortlichen Juden bestraft worden wären. Die Erschießungen [der Juden] dauerten den ganzen Tag. Danach betranken sich die *Szaulisi*, ebenso am folgenden Tag. Viele Wertsachen nahmen Litauer an sich, da man den ins Ghetto »geschickten« [Juden] sagte, sie könnten [alles] mitnehmen. Also nahmen sie Wertgegenstände sowie warme Kleidung usw. mit. Die Litauerinnen waren angekommen, um die Kleidung zu holen.

8. September

Eine Sensation: Hausdurchsuchung bei Kiejzik. Er wurde verhaftet.

12. September: Wieder wurden ca. 2000 erschossen.

17. September[25]

Eine Sensation. Unter den marschierenden Juden gingen Kiejzik und ein Bauer aus Chazbijewicze. Letzterer wurde hinter dem Stacheldraht festgenommen, als er versuchte, Kleidung zu stehlen. Beide, Kiejzik und der Bauer wurden gezwungen, Mäntel mit Judenstern anzuziehen. Kiejzik ging in der ersten Reihe zur Erschießung. Er wurde hingerichtet.[26] Es erwies sich, dass einer der Hauptgründe für seine Erschießung war, dass Kiejzik

23 »Sonderaktion, weil von Juden auf deutsche Soldaten geschossen wurde«, schrieb Karl Jäger. Jäger-Bericht, S. 5.

24 NS-Gouverneur und Chef der Zivilverwaltung von Wilna. Gutman (Hg.), Enzyklopädie des Holocaust, S. 1600.

25 Für den 17. September 1941 listete Karl Jäger insgesamt 1271 Ermordete aus »Wilna-Stadt« auf: 337 jüdische Männer, 687 Frauen und 247 Kinder. Jäger-Bericht, S. 6.

26 Hier irrte Sakowicz. Kiejzik wurde nicht hingerichtet. Vgl. Eintrag vom 12. Dezember 1941, S. 68.

es gewagt hatte, den Juden die Uhren wegzunehmen, die bereits jemand anderem zustanden, jedenfalls nicht den *Szaulisi*.

Oktober 1941

Donnerstag, der 16. Oktober[27]
Kühles Wetter, für Oktober ungewöhnlich starker Frost (am Montag und Dienstag trat unerwartet eine Kältewelle auf).

Dienstag: 4 Jüdinnen flohen über die [Ortschaft] Deginie.

25. Oktober – der schreckliche Samstag[28]
Gegen 8.20 Uhr morgens erschien auf der Straße an der Kapelle ein langer Zug von Verurteilten. Als sie sich dem Bahnübergang näherten, sah ich, dass es ausschließlich Frauen waren – alte, junge und Kinder in Kinderwagen, Kinder mit Händchen an der Brust. Einige schliefen ruhig. Das Wetter war wunderschön, sonnig. Zur gleichen Zeit waren vom Wald immer wieder die Salven zu hören. Man [er]schoss die Frauen und Kinder, die schon um 7 Uhr morgens aus Lukiszki auf zwei Lastwagen (mit den Kennzeichen NN4003 und 4005) hergebracht worden waren.
Bemerkenswert war, dass die litauischen Soldaten, die in den Lastwagen zurückfuhren, schon die Sachen [der Ermordeten] untereinander aufteilten. Wie hatten sie dies so schnell fertig gebracht? Beim Bahnwärterhäuschen standen Jankowski, Wysocki und andere. Szligielmichow versagten die Nerven und er rannte weg.
Als sich die Spitze der Kolonne dem Bahnübergang näherte, war es genau 8.52 Uhr, als aber die letzte Reihe [den Übergang] passierte, war es 9.17 Uhr! Die Frauen gingen ziemlich langsam, ihre Gesichter spiegelten eine ungeheure Ermüdung wider.
Währenddessen waren immer wieder Salven zu hören. Die Verurteilten begannen, nervös zu werden. Eine von ihnen wandte sich an Wysocki, der bei dem Bahnwärterhäuschen stand und fragte: »Was für ein Ort ist das hier?« Dieser, obwohl für ein »Gespräch« mit einem Verurteilten

27 Der Jäger-Bericht verzeichnet die Ermordung von 1146 Wilnaer Juden. Jäger-Bericht, S. 6.
28 Laut Jäger-Bericht wurden an diesem Tag 1766 jüdische Frauen und 812 Kinder getötet. Ebd.

die Todesstrafe drohte (man konnte dafür erschossen werden; einen solchen Fall hatte es bereits gegeben: Ein Mann wurde abgeführt, der am 16. Oktober auf die Frage einer [Delinquentin] sagte, dass der Ort Ponary hieße), antwortete ihr mit nervöser Stimme Po–na–ry, wobei er die einzelnen Silben des Wortes betonte. Die in Reihen stehenden Frauen brachen in Tränen aus. Die Jüdinnen wichen zurück. In diesem Moment begannen die Soldaten, auf Befehl der Offiziere (insgesamt 12 – vorne standen 6 zusammen mit einem Hauptmann), [die Opfer] mit den Gewehrkolben zu schlagen. Eine Jüdin sagt zu einem Soldat: »Ich habe Ihnen mein ganzes Geld gegeben. Sie haben mir doch versprochen, mich und mein Kind freizulassen und jetzt treiben Sie mich in den Tod!« Der Soldat lacht.
Eine andere junge Jüdin, 19 oder 20 Jahre alt, [Angehörige der] Intelligenz, gekleidet in einen grauen Mantel mit schwarzem Pelzkragen, neben sich einen Knaben, ca. 3 oder 4 Jahre alt in einem dunkelblauen Mantel, stürzt sich zu Boden (dieser war sehr matschig) und küsst die Füße eines Unteroffiziers und fleht um ihr Leben. Sie umklammert die mit Schlamm bespritzten Schuhe und fleht. Um sein Bein loszubekommen, stößt er ihr mit der Schuhspitze an den Kiefer und gleichzeitig reißt er das Bein aus ihrer Umarmung heraus; [dadurch] platzt die Haut ihrer Wange auf; es fließt Blut mit Schlamm gemischt. Die Jüdin liegt auf dem Boden und fleht auf der Straße vor dem Eingang zur Hinrichtungsstätte [die Henker] krampfartig schluchzend an, ein anderer Soldat schlägt sie mit dem Gewehrkolben. Sie ergreift den Gewehrkolben und … sie küsst ihn kniend. Dann ergreift der Soldat den weinenden Knaben, holt Schwung, und wirft ihn dann wie ein Stück Holz über den Stacheldraht. Dort hebt er wiederum den Gewehrkolben hoch, um das Kind zu schlagen. Die Jüdin stürzt nach vorne, auf die andere Seite des Stacheldrahtes. Sie schützt den Jungen [mit ihrem Körper].
Und darum ging es ihnen doch.
Die Schüsse dauern immer noch. Sie hielten bis um 5 Uhr nachmittags an.

25. Oktober

Es gab viele Verletzte. In der Nacht versuchten sie wegzulaufen. Die Schießerei [dauerte] die ganze Nacht. Man erzählte sich, dass einmal ein Bauer zu den Litauern mit selbst gebranntem Schnaps kam, um ihn gegen »jüdische Lumpen« (Kleidung) einzutauschen. Für den Schnaps bekam er einen Sack voller Lumpen; der Sack war ungewöhnlich groß und schwer. Der Bauer, neugierig, warum der Sack so groß und schwer war, band den Sack im nahe gelegenen Wald auf, um die Sachen durchzusehen. Unter den

Kleidern entdeckte er einen getöteten Juden. Er versteckte ihn unter dem Moos. Die Litauer befahlen dem Bauern, sich schnellstmöglich aus dem Staub zu machen, als sie ihm den Sack gaben. Die Arbeiter auf der Straße sahen, dass der Bauer etwas im Moos versteckte. Nachdem sich dieser entfernt hatte, gingen die Arbeiter hin, deckten das Moos auf und fanden den Juden.
Achtung 25. Oktober – Eine Jüdin hörte die Schüsse und versuchte zu flüchten. Sie wurde festgenommen und auf Befehl des Offiziers auf der Landstraße verprügelt.
Auch die Offiziere schlagen und verspotten [die Menschen]. Die Lumpen werden jetzt von den Deutschen mit Fuhrwerken nach Wilna transportiert.

27. Oktober – Montag
Den Übergang passierten fast nur Männer (darunter ungefähr 15 sowjetische Soldaten) und [erst] am Ende der Reihe [befanden sich] auch mehrere Frauen.[29] Es fiel Schneeregen. Eine Frau mit einem minderjährigen Jungen und ein Jude versuchten zu fliehen. Der Jude wurde getötet, doch die Frau und der Junge flüchteten über Ponary in Richtung Czarna Krynica.
Achtung – ab jetzt schießen *Szaulisi* in Zivil sowie die Militärs, die [die Opfer] eskortieren. Sie misshandeln [die Leute] weiter.

[Zum] 25. Oktober
Jüdinnen stiegen eine nach der anderen auf die Leichen, wie die Juden am 27. Oktober.

[Zum] 25. Oktober
Jüdinnen gingen nacheinander auf die Leichen, wie die Juden am 27. Oktober.
Es gab keine Zeit, um jede Gruppe extra mit Erde zu bedecken.
Es wurde am 2., 3., 16., 21.,[30] 25. und 27. Oktober geschossen.

29 Der Jäger-Bericht bestätigt Sakowicz' Beobachtungen: Am 27. Oktober 1941 bestand die Mehrheit der 1203 Getöteten, nämlich 946, aus jüdischen Männern. Jäger-Bericht, S. 6.
30 Am 21. Oktober 1941 verzeichnet der Jäger-Bericht 2367 getötete Juden aus Wilna. Ebd.

30. Oktober[31]

Ein schönes sonniges Wetter. Um 9 Uhr morgens kommen 4 Lastwagen mit litauischen Soldaten und Offizieren an. Bald [folgen ihnen] 4 LKWs mit alten Frauen und Kindern. Die Schießerei beginnt. Um 10 Uhr taucht ein langer Zug [der Todeskandidaten] in der Nähe der Kapelle auf. Als [die Gefangenen] zur Straße nach Grodno kommen, versuchen einige Personen zu flüchten. Schüsse. Ob sie entkamen, weiß ich nicht. Auf dem Bahnübergang [befanden sich] vorne Frauen, hinten Männer. Die Frauen waren nicht so scharf bewacht wie die Männer, die ein dichtes Netz von Soldaten umgab. Es waren Gewehrsalven und [Schüsse] aus dem Maschinengewehr zu hören. An drei Stellen fanden die Hinrichtungen statt (Nachhall der Schüsse). Um ca. 7.30 abends begann eine heftige Schießerei im Wald. Übrigens, solche Schießereien waren in den letzen Wochen oft zu hören. Es ist jetzt bekannt, dass die Schwerverletzten während der Nacht flüchten. Einigen von ihnen, die genug Kraft haben, gelingt die Flucht; [meistens allerdings] werden die Schwerverletzten, die nicht imstande sind, schnell zu laufen, wieder eingefangen.

Jetzt ist es 9 Uhr abends, und die Schüsse kommen von unterschiedlichen Stellen. Man hört ganz deutlich, dass die Schüsse sich im Wald [dem Horchenden] in einem schnellen Tempo nähern. Anscheinend rennt jemand und schießt. Jemand wird verfolgt.

Eine Jüdin erkannte, nachdem sie durch das Tor hereingekommen war, wohin man sie gebracht hatte. Sie überredete ihre Kinder (ihren kleinen Sohn) zur Flucht. Der Junge passte den richtigen Augenblick ab und rannte los. Ein litauischer Offizier bemerkte dies. Er schrie, der Kleine solle anhalten und schoss mehrmals [auf ihn]. Das Kind blieb stehen. Der Offizier lief zu ihm und tötete es mit einigen Schüssen (mit einer Serie von Schüssen). Das Kind brach zusammen. Die Mutter stürzte zu ihm, aber der Soldat [der Offizier] stach sie mit dem Bajonett nieder. Sie fiel zu Boden. Andere Juden bekamen den Befehl, die Frau wegzutragen. Ob sie nur verletzt oder getötet wurde – weiß ich nicht.

31 Unter diesem Datum führt der Jäger-Bericht 1533 ermordete Juden aus Wilna auf. Ebd.

November 1941

1. November

Man schoss [auf] Juden, Jüdinnen und Kinder.
Es scheint mir, dass der 6. November wird fallen ... der Massenmorde.
Am 1. November beseitigten fromme Vertreter der katholischen litauischen Nation 4 Lastwagenladungen mit Juden. Sie schossen jetzt schon in ihren militärischen Uniformen. Der 1. November (Samstag) war Feiertag – Allerheiligen. Das hinderte sie nicht daran, Erschießungen durchzuführen.

6. November[32]

Juden und Jüdinnen wurden mit Autos hergebracht.

17. November

Es kamen 4 Lastwagen, darauf nur Männer. Dann wurde eine Jagd veranstaltet. Die Todgeweihten zerstreuten sich im Wald und man hetzte sie. Davon zeugten einzelne Schüsse, die in allen Ecken des Waldes hallten. Die »Jagd« dauerte ca. 2 Stunden, dann war es still.

17. November, 19. November

Mit Autos.[33]

17. November

Jagd, die Verurteilten zerstreuten sich.

32 Am 6. November 1941 wurden 340 jüdische Männer, 749 Frauen und 252 Kinder aus Wilna ermordet. Ebd.

33 Die Delinquenten wurden vermutlich mit Autos zur Hinrichtungsstelle gebracht.

19. November

Es wurden über 200 Frauen und Kinder hergebracht.[34] Es war kalt, kühler Wind. Da die [Soldaten] keine Patronen mehr hatten, gingen sie in eine Hütte[35], um sich aufzuwärmen. Doch anstatt die Munition zu holen, nahmen sie den Müttern ihre Babys weg und erschlugen sie mit Gewehrkolben. Es scheint mir, dass es (früher) Fälle gab, dass die [Soldaten] sich nicht die Mühe machten, jeden »Bengel« einzeln zu erschießen. Sie warfen sie einfach in die Gruben.

21. November

Wieder Frauen und Kinder, (einige) Männer. Während des Mordens waren Salven im Wald zu hören. Aus dem Stützpunkt kam ein *Szaulis* mit einem Gewehr heraus. Auf der Landstraße begann er (es war Freitag, Markttag), die mitgebrachte Damenkleidung zu verkaufen: einige Mäntel, Kleider, Gummi-Winterschuhe. Die letzten zwei Mäntel – dunkelblau und braun – verkaufte er für 120 (hundertzwanzig) Rubel und ein Paar Winterschuhe gab er noch umsonst dazu. Als einer der Bauern (Waclaw Tankun aus Stare Miedzyrzecze) fragte, ob der *Szaulis* noch weiter[e Sachen] verkaufen würde, antwortete dieser, sie sollten »warten«, er würde eine Jüdin genau nach Maß »auswählen«. W. Tankun und seine Frau erschraken und als der *Szaulis* sich entfernte, fuhren sie schnell weg. Der *Szaulis* tauchte dann plötzlich mit der Kleidung auf und war erbost darüber, dass die »Bauernrüpel« nicht mehr da wären. Er hätte sich doch »bemüht«, eigens eine der Größe der Bäuerin entsprechende[36] Jüdin aus der vierten Reihe auszuwählen.

34 Im Jäger-Bericht finden sich unter dem 19. November 1941 zwei Einträge mit insgesamt 185 Getöteten, wobei Jäger die Zahl der Frauen mit 77 und die Zahl der Kinder mit 18 angibt. Bei den restlichen Opfern handelte es sich um jüdische Männer, sowie sechs Kriegsgefangene und acht Polen. Jäger-Bericht, S. 6.

35 Im Original »Budka«, vgl. S. 56, Anmerkung 13.

36 Im Original benutzte Sakowicz das russische Wort »podchodziaszcza«.

25. November[37]

Frauen, Kinder, einige Männer [wurden] mit Autos [hergebracht]. Insgesamt 9 Wagen. Die Frauen versuchten, bei der Einfahrt durch das Tor [aus dem Fahrzeug] herauszuspringen. Man schlug [die Opfer].

Dezember 1941

5. Dezember

360 Personen, überwiegend Frauen, Kinder und ausgebeutete Facharbeiter[38]. Viele Fäden (Spulen).[39]

5. Dezember

Lauter [arme] Greise.[40]

37 Laut Jäger-Bericht wurden »9 Juden, 46 Jüdinnen, 8 J[uden]-Kinder, 1 Pole« aus Wilna getötet. Jäger-Bericht, S. 6.

38 Im Ghetto Wilna wählte man Facharbeitskräfte aus, die zunächst verschont blieben, später allerdings auch ermordet wurden. Nach den Erinnerungen eines Überlebenden verhafteten die Deutschen am 5. Dezember 1941 etwa 800 Facharbeiter. Nach der Selektion wurden die nicht arbeitsfähigen am nächsten Tag, also am 6. Dezember, nach Ponary gebracht. Obwohl Sakowicz die Erschießungen unter dem 5. Dezember notierte, muss es sich um die gleiche »Aktion« gehandelt haben. Herman Kruk dokumentierte die Zeugenaussage unter der Überschrift »A living message from Ponar« etwa drei Monate später in seinem Tagebuch. Kruk, The Last Days of the Jerusalem of Lithuania, S. 223 ff.

39 Möglicherweise handelte es sich bei den Ermordeten um entkräftete und ältere Näher aus dem Zwangsarbeiterlager in der Pelzfabrik Kailis, die Garnrollen bei sich trugen. »Before the war, there was a fur factory in Vilna with the name Kailis, where Jewish laborers worked. Fur production was especially important to the Germans, because they needed furs and gloves for the soldiers on the Russian front. The Germans took the Jewish fur laborers and their families out of the ghetto ....« Kruk, The Last Days of the Jerusalem of Lithuania, S. 133, Anmerkung 43.

40 Im Original »dziad«; eine veralterte Bezeichnung für einen alten Mann oder einen Bettler. Der Satz kann also sowohl »lauter Greise« als auch »lauter armseliges Pack« bedeuten, das Letztere im Sinne von »arme Teufel«. Da Sakowicz vorher Frauen und Kinder erwähnte, scheint es, dass er hier alte Männer meinte.

7. **Dezember**, Sonntag, 6.30 abends, es war dunkel. Auf der Landstraße wurde eine Frau angehalten, in ein Tor hineingezerrt – dort [gab es] Geschrei, Gerangel, dann [fiel] ein Schuss und es war still. [Zur gleichen Zeit] rollte ein Fuhrwerk aus Chazbijewicze kommend vorbei. Es kehrte um, nachdem das Geschrei ertönt war und das Gerangel begonnen hatte. Wie sich später zeigte, war [auf dem Fuhrwerk] u. a. Frau Olszewska aus Ponary.
In Sorok Tatar wurde eine Jüdin, die sich zusammen mit ihrem Kind versteckt hatte, festgenommen. Die Jüdin wurde erschossen, und das Kind mit dem Gewehrkolben kaltgemacht. Dies berichtet u. a. Professor Dr. med. Henryk Rauchenbauer aus dem Gutshof Waka des Leski.

12. Dezember
Kiejzik kam zurück, blass, kurz geschoren.[41]

41 Irrtümlich dachte Sakowicz, dass Kiejzik am 17. September 1941 erschossen worden sei.

1942

April 1942

Im April 1942, an einem der Freitage, wurde die Tochter von Mongird erschossen, wie mir ihr Bruder erzählte.
Der Mann, der den Rechtsanwalt Sikorski ermordete, hatte den Spitznamen »Senelis« (?), was auf litauisch »Großvater« bedeutet. Sein eigentlicher Name lautete Stasys Lenkitajtis. Sikorski hatte zwei Wunden, eine am Bauch und eine an der Schläfe. Beide Schüsse wurden von vorne abgegeben, weil Sikorski sich rückwärts bewegte, als er um sein Leben flehte.

Mai 1942

(Zu) Donnerstag, den 30. April: Unter den zum Tode Verurteilten waren 6 Frauen. Am Dienstag, den 5. Mai wurden 47 Personen, keine Juden, sondern Polen und Rote-Armee-Soldaten, hingerichtet.

Freitag, den 8. Mai
Man schoss wieder [auf] Delinquenten, keine Juden. Sie wurden mit 3 Autos[42] hergebracht.
Ein *Szaulis* fand 16 goldene 10-Rubel-Münzen, ein anderer fand 2 goldene Dollars. Sie zechten und spielten zwei Nächte lang.

Juli 1942

Seit einiger Zeit wurde das Notieren der Tage der Erschießungen durch zwei Umstände erschwert: Erstens: die Litauer bringen keine Kleidung mehr für die Bauern auf die Landstraße, sondern liefern sie bei Jankowski ab, der seit dem Frühling in der Nähe des Stützpunktes im Wald wohnt; zweitens:

42 Vermutlich mit Lastwagen, denn Sakowicz schrieb »auf den Autos«.

ab und zu werden die Gruben mit Erde zugedeckt (diesmal gründlicher), wegen des Geruchs. Sogar im Juli schüttete man sie zu. Zu diesem Zweck kamen extra [Leute] aus Wilna mit dem Bus.
Auf die gleiche Weise wurden oft neue Verurteilte gebracht,[43] die auf dem Boden zu Füßen der Litauer lagen. Jetzt kam es ans Tageslicht, dass 1941/42 auch die Litauer (Polizei) Polen, die während der Verhöre in Wilnaer Polizeidienststellen ermordet wurden, in Ponary verscharrten.

2. Juli 1942

Um 8.30 Uhr morgens [kam] ein Wagen, das Kennzeichen [war] dasselbe wie letztes Mal. Es hieß, dass es 6 Personen waren, darunter 5 Männer und ein sehr schönes junges Mädchen. Sie flohen in den Wald. Man jagte sie, feuerte mit Pistolen auf sie (angeblich schossen diesmal Deutsche). Maryla sah einen der Flüchtenden. Die Schießerei war heftig. Offensichtlich musste man [die Flüchtlinge] im Wald suchen, um sie zu ergreifen. Um 10.30 morgens war die Schießerei vorbei und das Auto fuhr ab. Die Sachen der Opfer erwarb Rudzinski für 5 000 Rubel, die er sich von Stenia Kwiatkowska (Sieniuncowa)[44] geliehen hatte. Er gab ihr dafür die Sachen der Ermordeten als Pfand, darunter war auch ein Damenmantel. Rudzinski (dem ich begegnete) erzählte mir davon und er führte mich in seine Wohnung am Bahnübergang. Er zeigte mir einen dunkelblauen Edelstein, der an einer Seite einen goldgelben Fleck der Überreste des Klebstoffs aufwies, mit dem er anscheinend an etwas befestigt gewesen war. Rudzinski fragte mich nach dem Wert des Steines und sagte mir, dass er ihn in der Manteltasche eines der Erschossenen gefunden hätte. Der Stein war versteckt in der Taschenecke, die zugebunden war. Die Schuhe eines anderen Ermordeten waren aus Gamsleder. Es war eine kleine Größe, offensichtlich war der Mann klein, [die Schuhe hatten] keine Schnürsenkel, sondern Gummibänder. Auf den Laschen stand »Handarbeit«, was bedeutete, dass die Schuhe nicht fabrikmäßig hergestellt worden waren. Gummiabsätze. Außerdem sah ich einen Mantel aus grauem Tuch gefüttert mit schwarzem Schafspelz. (Warum hatte das Opfer im Sommer einen Schafspelz an?) Eine Uhr und andere Gegenstände sowie die Lackschuhe des jungen Mädchens

43 Sie wurden mit dem Bus gebracht.
44 Sakowicz kannte die Frau vermutlich von früher, daher notierte er ihren Mädchennamen, fügte aber in Klammern ihren Ehenamen bei.

behielten die *Szaulisi*. Sie tranken dann die ganze Nacht hindurch in ihrer Hütte und schossen aus Übermut [in die Luft] bis 3 Uhr morgens. Rudzinski war verzweifelt, weil er das Geld und Gold, das seine verstorbene Frau versteckt hatte, nicht finden konnte. Aus Frust vertrank er alles was er besaß, verkaufte die Möbel und löste seine Wohnung auf.

15. Juli, Mittwoch
Man schoss [auf] Rote-Armee-Soldaten [und] Polen, gebracht mit 4 Fahrzeugen (ca. 70 Personen). Nowicki aus Poluknia hörte Schreie: »O Jesus!«

Nachtrag zum 15. Juli 1942
Nach Ponary kamen 2 *Szaulisi*. Sie brachten einen Schafspelz und boten ihn zum Kauf an. Sie gingen Richtung Czarna Krynica. In der letzten Zeit beraubten die *Szaulisi* immer öfter Leute auf der Straße. In Wilna erzählt man sich, dass litauische Militärs spezielle Abzeichen aus Ponary hätten. Es ist nicht wahr, es schießen auch Soldaten mit anderen Abzeichen und …, darunter auch Kavalleristen! Es scheint mir, dass Kiejzik wieder auf dem Stützpunkt arbeitet. Ich sah ihn am 7. August; sein Gesicht war fürchterlich lädiert.

30. Juli
Es wurden 150 alte Juden mit Fahrzeugen durch das Tor an der *strategischen* Landstraße hergebracht.
Enge Beziehungen zu den *Szaulisi* (eigentlich sind es keine *Szaulisi*, sondern Militärs) pflegen litauische Eisenbahner, Polizisten, das Fräulein vom Postamt und überhaupt die gesamte »litauische Kolonie« aus Ponary.
… die nach den Misshandlungen – einer der Soldaten beschwerte sich, dass ihn das Schlagen mehr [als das Erschießen] ermüdet hätte – erschossen wurden. Angeblich wurden viele Schwerverletzte [lebendig] begraben, da [den Soldaten] die Arme von den Schlägen und Erschießungen wehtaten, und sie deshalb nicht mehr schießen, nicht mal mehr einen Fangschuss [den Verletzten] geben wollten.

30. Juli, Donnerstag
[Durch das Tor an] der *strategischen* Landstraße wurden alte Juden hergebracht, die man aus dem Ghetto selektiert hatte, nachdem sie vorher für

arbeitsunfähig befunden worden waren. Man brachte sie gegen 9 Uhr morgens. Viele Schwerverletzte wurden [lebendig] begraben. Insgesamt wurden damals 150 alte Juden hingerichtet.[45]

August 1942

6. August, Donnerstag

Ein Wagen mit 20 Personen, überwiegend Sowjets und einige alte Juden.

6. August, Donnerstag

Es wurden 20 Personen, Juden und Sowjets getötet. Sie wurden mit einem Lastwagen hergebracht. Schießerei im Wald. Man hörte die jagenden *Szaulisi* lachen.

14. August, Freitag

Es wurden 4 Personen hergebracht, darunter eine, die bereits im Gefängnis ermordet worden war. Die drei [Personen] saßen auf dem Lastwagen und sie waren zusammen mit der vierten, d.h. mit der Leiche, mit einer Segeltuchplane zugedeckt. Um sie herum waren *Szaulisi*. Es war 11 Uhr morgens. Man weiß nicht, wer sie waren.

25. August, Dienstag

Es wurden 8 Personen umgebracht, wer [sie waren], ist nicht bekannt. Man hörte nur Weinen, und dann zahlreiche Pistolenschüsse. Es schossen wie üblich die Litauer.
Achtung: Seit einiger Zeit werden die Opfer mit einem anderen Fahrzeug, einem umlackierten Arbon-Bus, auf folgende Art und Weise hergebracht:

45 Am Morgen des 26. Juli trieb die jüdische Ghetto-Polizei 84 alte Menschen, die außerhalb des Ghettos in einem ehemaligen Ferienheim in Pospieszki untergebracht waren, zusammen und übergab sie Martin Weiss, der sie mit Lastwagen nach Ponary zur Erschießung bringen ließ. Kruk, The Last Days of the Jerusalem of Lithuania, S. 338. Schur notierte am 27. Juli 1942, die »Alten, Kranken und Schwachen sind nicht mehr am Leben«, sie wurden »in drei Ladungen in einem geschlossenen Lastwagen nach Ponary gebracht und erschossen«. Schur, Die Juden von Wilna, S. 100.

Die *Szaulisi* belegen die Sitze ringsherum, und zu ihren Füßen liegen die Opfer auf dem Boden. Auf den ersten Blick sieht es dann so aus, als ob nur die Mörder fahren und die Opfer später kommen würden. Oder dass die *Szaulisi* nur deshalb kommen, um die alten Gruben zuzuschütten und bei der Gelegenheit ein wenig in die Luft zu schießen. Die ganze Sache wurde aber durch die Indiskretion einiger Wächter aufgedeckt. Allerdings kamen die *Szaulisi* auf diese Weise entweder nur, um die Gruben einzuebnen, d. h. ohne Opfer, oder mit [neuen] Opfern.

26. August, Mittwoch
Man erschoss 20 Juden, die sich in Wäldern versteckt hatten und die von den *Szaulisi* und Forstgehilfen neulich eingefangen worden waren.

September 1942

10. September, Donnerstag
Am Nachmittag gegen 5 (17) Uhr, an [diesem] sonnigen Tag, war ich im Häuschen[46]. Unerwartet tauchte ein Auto mit abgedeckten Fenstern auf. Die Deutschen fuhren zum Stützpunkt und hatten eine Person bei sich. Sie schickten die Litauer vom Stützpunkt weg, erschossen die Person selbst und vergruben sie. Als die Litauer zurückkamen, gruben sie die Leiche aus, um ihr die Kleidung wegzunehmen um sie dann zu verkaufen. Man konnte nicht erfahren, wer diese Person gewesen war, ob Jude oder Christ?

12. September
Fast pünktlich um 9.25 Uhr morgens, es war warm und sonnig, kam ein Auto [mit dem Kennzeichen] N 51620 mit Litauern an. Nachdem die Opfer ausgeladen worden waren, fuhr es [das Auto] nach Wilna zurück. Man wartete nicht auf die Litauer, was bedeutete, dass noch eine Gruppe kommen würde. Inzwischen [hörte man] Schüsse. Um 10.50 kam der Wagen erneut, es wurde wieder geschossen. Danach fuhren die Litauer zurück. Es war ein mit einer Plane bedeckter Lastwagen. Angeblich erschossen sie 25 Personen: Bolschewiken, Polen und Juden.

46 Wieder schrieb Sakowicz »Budka« und meinte entweder den Geräteschuppen oder das Bahnwärterhäuschen. Vgl. S. 56, Anmerkung 13.

Oktober 1942

7. Oktober, Mittwoch
Um 8.30 kam ein Lastwagen von der *strategischen* Landstraße her; Schüsse. Das Auto fuhr nach Wilna zurück und war eine Stunde später wieder [hier], mit einer weiteren Gruppe von Verurteilten. Angeblich [er]schoss man die sog. »Partisanen« aus dem Kreis Wilna. Einer war aus Molodeczno. Warum [hat man sie] bis nach Ponary [gebracht]? Die Litauer nahmen die Sachen der Opfer mit, um sie in Nowosiółki und Chazbijewicze zu verkaufen. Man erzählte sich, dass in einem Anzug ein an die »Ehefrau« gerichteter Zettel gefunden wurde, [auf dem stand], dass sie ihn retten solle. Er [der Delinquent] schrieb, er wisse nicht, warum er inhaftiert worden sei.

10. Oktober, Samstag
Ein Auto (Bus). Die Litauer sitzen auf den Bänken, und die Verurteilten liegen auf dem Boden. Auf diese Weise sollen die Erschießungen verheimlicht werden, denn man könnte denken, die Litauer fahren [hinaus], um alte Gruben zuzuschütten.

13. Oktober, Dienstag
2 Wagen, es wurden alte Juden hergebracht und erschossen.

20. Oktober, Dienstag
2 Autos, angeblich 16 alte Jüdinnen.

31. Oktober, Samstag
2 Autos, es gab Geschrei und Hilferufe.

November 1942

14. November, Samstag
2 Wagen mit Polen aus dem Gefängnis in Lukiszki. Sie versuchten zu flüchten, doch die Litauer jagten sie und schossen [auf sie]. Die Verwundeten wurden jedoch nicht erschossen, um sie nicht zu den Gruben schleppen zu müssen, [man ließ sie] selber … kriechen …

Dezember 1942

2. Dezember, Mittwoch

Fast pünktlich um 8.30 morgens tauchte auf der Landstraße von Wilna der bekannte, mit einer Plane bedeckte Lastwagen auf. Neben dem Fahrer saß der vom Sehen »Bekannte«, der Gestapo-Offizier mit Brille[47] [im] geschwollenen, hässlichen, dicken (roten) Gesicht. Die Ladefläche des Wagens war gedrängt voll mit Litauern, die so saßen, dass sie die Gefangenen im Wageninneren [durch ihre Körper] verdeckten. Der Wagen fuhr am Bahnwärterhäuschen vorbei und bog dann auf die *strategische* Landstraße ab und von da in den Stützpunkt ein. Bald war das Motorenrattern aus dem Stützpunkt zu hören, nicht weit von der Straße, die von dem Weg nach Grodno zum Stützpunkt abzweigt. Höchstwahrscheinlich stand er an der kleinen Grube Nr. 1, denn nur von dieser Stelle aus konnte man an der Bahnlinie Geräusche hören. Nach einer gewissen Zeit, nach einigen Minuten, [ertönten] laute Schreie: »Halt, halt!«[48] Dann wieder Stille und danach Schüsse.

Bald darauf kam ein zweiter Wagen. Einige Minuten herrschte Stille, danach Schüsse. Direkt nach dem letzten Schuss rannte auf der Landstraße nach Grodno ein Verurteilter. Er hatte eine hellgraue Hose, aber kein Hemd und keine Mütze an. Er lief so: Fluchtweg ...[49]

Als der Verurteilte weglief, war er schon verletzt von einem Durchschuss in der Brustgegend, wovon Blutspuren an seiner Brust und dem Rücken zeugten. Als er die Landstraße überquerte und in den Wald auf der anderen Seite des Stützpunktes hineinlief, kam er dann (nach den Spuren im Schnee zu urteilen) auf der Landstraße heraus, wo sich der litauische Wachposten befand. Als er die Litauer gewahrte, machte er kehrt und stieß auf 14–15 Litauer aus dem Stützpunkt und auf zwei Deutsche. Die Litauer eröffneten heftiges Feuer! Der Flüchtige stürzte zu Boden. Einer der Litauer kam angelaufen und schlug mit großer Wucht mit dem Gewehrkolben auf den Kopf des Liegenden. Dann hielten sie ein Fuhrwerk an, legten die Leiche hinein (der Kopf – eine große Masse von Gehirn und Blut) und brachten sie zum Stützpunkt.

47 Vermutlich ist SS-Mann Martin Weiss gemeint, der nach den Erkenntnissen der deutschen Justiz u. a. auch regelmäßig die Erschießungen in Ponary angeordnet, koordiniert und überwacht hatte. Vgl. S. 38.

48 Im Original auf Deutsch.

49 Sakowicz skizzierte auf einem Zettel den Fluchtweg.

Sie [die Litauer] folgten dem Verurteilten erst nach ca. 5 Minuten. Wenn es keinen frischen Schnee gegeben hätte, und [er] keine Fußspuren [hinterlassen hätte], hätte seine Flucht sicherlich gelingen können. So aber verrieten die Fußspuren seine Fluchtrichtung.

2. Dezember 1942
Alle Männer waren gefesselt.
Interessante Tatsachen [erfuhr ich], als ich am nächsten Tag, d.h. am 3. Dezember, in Wilna war: Als am 1. Dezember Frauen Päckchen ins Gefängnis brachten, wurden die Päckchen entgegengenommen.

3. Dezember
Als Frauen wieder mit Päckchen (Unterwäsche) erschienen, wurden die Päckchen an einige der Frauen zurückgegeben. Man sagte, dass am 2. Dezember u.a. Rechtsanwalt Waclawski und andere [Häftlinge] aus dem Gefängnis weggebracht wurden.

18. Dezember 1942
Es kam ein Wagen.
Es wurden 6 Schüsse abgegeben.
Wie man [auf] die Juden schoss.
Die Juden wurden an einer Stelle auf dem Stützpunkt zusammengetrieben. Man befahl ihnen, mit dem Gesicht nach unten auf dem Boden liegen zu bleiben. Dann hat man immer wieder einige von ihnen geholt und in die Nähe der Grube geführt. Dort wurden sie geschlagen, misshandelt und schließlich mussten sie sich ausziehen.
Am Anfang 1. wurde ein[e Art] Sprungbrett über eine Grube gelegt. Als der Verurteilte über das Brett ging, schoss man auf ihn.
Weiter 2. wurden ein paar [Opfer] in eine Grube getrieben und man schoss auf sie.
3. [Die Gefangenen] wurden in eine Grube getrieben und mit Handgranaten getötet.

4. [Man schoss auf die Opfer] in den Gräben[50]. Die Juden wurden bekleidet in die Gräben getrieben, wo sie sich ausziehen mussten. Dann wurde mit Maschinengewehren [auf sie] geschossen. Auf der Landstraße warteten [weitere] Juden und wussten nicht, dass sie bald getötet würden.

50 Die einzelnen Gruben waren durch Gräben miteinander verbunden. Vgl. S. 11.

1943

Januar 1943

Donnerstag, der 28. Januar

Drei (3) Wagen [kamen] aus der Richtung der *strategischen* Landstraße. Die Häftlinge sahen fürchterlich aus. Sie kamen aus dem Gefängnis, waren müde und erschöpft. Darunter waren einige Frauen, auch einige Jüdinnen. Die Litauer schossen, zwei Deutsche waren dabei. Am nächsten Tag verkaufte Jankowski Chromlederstiefel[51] mit harten Schäften, eine große Größe. Er sagte, dass es seine Schuhe seien, die ihm zu klein seien. Das bezweifle ich, weil sie sehr groß waren, und übrigens waren sie in gutem Zustand und besohlt. Warum also waren sie vorher nicht »zu eng«? Das waren die Schuhe eines Opfers.

Es schneit dauernd, als ob der Schnee den in diesem Jahr verspäteten Winter wettmachen wolle. Die Litauer bestehlen Leute auf den Wegen.

Der Schnee war schon dermaßen tief, dass am Donnerstag, dem 4. Februar, auf der *strategischen* Landstraße 2 Wagen mit Bolschewiken mit Schaufeln erschienen.

Sie räumten den Schnee von der Straße, zwischen der *strategischen* Landstraße und dem Stützpunkt. Ich hörte immer wieder von ständigen Verhaftungen in Dörfern und davon, dass man versteckte »Sowjets« aufspürte und gefangen nahm. In Bowszyszki wurde einer [namens] Siemion eingefangen. Am 18. Januar wurde Trusewiczowa verhaftet, da sich Siemion bei ihr hinter dem Ofen versteckte. In Rudniki gab es auch Razzien und Verhaftungen. In St[are] Macele[52] wurden 9 Personen festgenommen, hauptsächlich Mitglieder der Familie Jurgielewicz. Der Grund der Razzia war ein sowjetischer Polizist aus Wilna namens Zytkiewicz, der aus St[are] Macele stammte. Er hatte sich lange Zeit versteckt und schloss sich einer Bande an, weil Litauer schon seit langem nach ihm gesucht hatten. All dies deutet darauf hin, dass es bald wieder zu Erschießungen kommen wird.

51 Das Leder für hochwertige Schuhe wurde mit Chromsalzen gegerbt. Die Stiefel waren dadurch besonders widerstandsfähig.

52 Dt.: Alt-Macele, ein Dorf.

Neulich meldete London[53], einer Nachricht aus Stockholm zufolge, dass der Bischof aus Kowno sagte, es sei für die Litauer keine Pflicht, Juden und Polen zu töten. Auf jeden Fall habe er [die Morde] verurteilt und verboten. Ich glaube nicht, dass dem so war.[54] Warum verurteilte der Bischof dann nicht auch die [Übergriffe der] Litauer, als sie mit den Deutschen die Priester töteten, den Erzbischof verschleppten, Polen misshandelten und töteten? Aber jetzt, wenn es in Libyen und Tripolis eine Niederlage gibt, wenn Stalingrad, Rostow, Kursk, Charkow fallen, im Kaukasus die Deutschen umstellt werden und auch auf der Krim droht ihnen [die Niederlage], erst jetzt »verurteilt« der Bischof diese Taten weil … er den Vorgeschmack der Niederlage der Deutschen spürt und gleichzeitig die Niederlage der Litauer, die so viele Massenmorde auf dem Gewissen haben wie keine andere Nation. Vorher verbot er die Morde nicht, denn damals kamen sie ihm gelegen, weil es eine Säuberung der Kirche von den Polen war.

31. Januar … strenger Frost, viel Schnee. Ich verließ das Dorf um 5 Uhr nachmittags mit dem Rad. Fürchterlicher Geruch nach Karbolineum oder etwas Ähnlichem.

Februar 1943

18. Februar, Donnerstag

Um 9 Uhr morgens tauchte der bekannte Wagen auf. Er hielt auf der Straße nach Grodno, fast gegenüber von einem Loch im Zaun neben dem Tor (er fuhr nicht weiter auf die *strategische* Landstraße). Es sprangen 3 Deutsche und einige Litauer aus dem Wagen und nach ihnen, einem Befehl folgend, gefesselte Männer ohne Mäntel und Mützen. Ihnen folgte eine große Frau,

53 BBC-Radio, London. In London war der Sitz der polnischen Exilregierung.

54 Der US-Historiker Daniel Goldhagen kommt zu ähnlichen Einschätzungen: »Als in Litauen im August 1941 der Massenmord an den Juden durch Deutsche und Litauer in vollem Gange war, meldete ein deutscher Bericht, die Führer der litauischen katholischen Kirche hätten ›den Priestern verboten, Juden in irgendeiner Weise zu helfen‹ … Obwohl einzelne Priester Juden halfen, kollaborierte die litauische Kirche insgesamt sehr wohl mit den Deutschen, und manche ihrer Priester beteiligten sich an den deutschen und litauischen Mordinstitutionen und stellten ihre Autorität in ihren Dienst. Erst als das Kriegsglück sich gegen Deutschland wendete, begann eine größere Anzahl von Geistlichen insbesondere jüdischen Kindern zu helfen.« Daniel J. Goldhagen, Die katholische Kirche und der Holocaust, Berlin 2002, S. 92.

sie trug einen dunkelgrauen Wintermantel (später zeigte sich, es war ein Mantel, gefüttert mit grauem Schafspelz).
An jedem Mann ein Litauer, der mit der rechten Hand den Mann am Kragen hielt, und in der linken Hand ein Gewehr trug. Wenn der Häftling groß war, hielt ihn sein Henker an den auf dem Rücken gefesselten Händen. Sie gingen im Gänsemarsch. Bald [hörte man] gedämpfte einzelne Schüsse. Dann kehrten die Deutschen sowie ein Teil der Litauer zu dem wartenden Auto zurück.
Da nur ein Teil der Litauer zurückkam, bedeutete dies, dass die, [die wegfuhren] noch einmal kommen würden. So war es auch. Diesmal stiegen aus dem Auto gut gekleidete Männer, in Hüten, Skimützen, teuren Wintermänteln und Pelzen aus, also [kamen sie offensichtlich] nicht aus dem Gefängnis. Auch sie waren gefesselt. Hinter jedem von ihnen ein Litauer. Wieder marschierten sie zum Stützpunkt. Wieder [hörte man] einzelne gedämpfte Schüsse. Wieder kam nur ein Teil von den Henkern zurück. Was das bedeutet: Ich möchte mich nicht wiederholen. Zum dritten Mal kam der Wagen! Es stiegen nur Frauen aus, die meisten von ihnen jung und nicht gefesselt. Ein Litauer deutete Richtung Wald; sie gingen los! Die Frauen gingen im Gänsemarsch, die Henker bilden die Nachhut. Stille, doch bald peitschten Schüsse, kurze Salven. Es verging mehr als eine Stunde. Die Litauer, beladen mit Sachen der Ermordeten, kehrten zurück, legten die Sachen ins Auto hinein und fuhren zusammen mit den Deutschen ab. Ende?
Bald erscheint in dem Bahnwärterhäuschen ein Litauer, Wladyslaw Klukas, ein routinierter Mörder. Er erzählt von seinen Sorgen; er hält Schuhe (polnische Stiefel) in der Hand – er möchte viertausend Rubel dafür. Die Schuhe sind noch warm. Er erzählt uns, dass die Männer einzeln, mit Pistolen, von den Deutschen erschossen wurden. Der eine schoss, und ein anderer schob [das Opfer] mit einem Stock in die Grube. Die Frauen (überwiegend Jüdinnen und sowjetische Frauen) …
Die Männer wurden in der Kleidung erschossen. Die Litauer zogen die Getöteten aus, versteckten die Kleidung im Schnee unter den Büschen. Das Gleiche geschah mit den Gefangenen des zweiten Wagens. Nur den Frauen befahl man, sich auszuziehen.
Allerdings folgten die Deutschen nach den Erschießungen den Spuren [im Schnee] und fanden fast alles, was die Litauer im Gebüsch versteckt hatten.
Die Deutschen gaben sie dem Gespött preis: Hermanawiczius verbarg einen Pelz einer Frau vom ersten Transport in der Wachstube unter dem Bett, aber auch diesen fanden die Deutschen. Sie befahlen Hermanawiczius,

ihn [den Pelz] auf den Wagen zu legen. Im Pelz befand sich noch ein verborgener Herrenanzug in gutem Zustand, bloß am Kragen hinten war er etwas blutbefleckt. Der Deutsche bemerkte den Anzug nicht. Deshalb, als Hermanawiczius den Pelz hinter dem Deutschen her trug, nahm er den Anzug heraus und versteckte ihn. Ein Teil der Gefangenen waren angeblich Bolschewiken, die während der letzten Razzia irgendwo in der Nähe von Wilia, östlich von Wilna, gefangen genommen worden waren. Auch weibliche Sowjets waren unter ihnen, die ebenfalls erschossen wurden.

Ergänzung zum 18. Februar

Es wurden damals 42 Personen erschossen. Im ersten Wagen, in dem die Gefangenen besonders mitgenommen aussahen, ... befand sich ein junger Mann ohne Mütze mit blondem zerzaustem Haar. [Er sah] unendlich müde [aus]. [Es wurden offenbar alle] begraben, denn die Litauer kamen mit Schaufeln und Spitzhacken zurück.

Am Samstag, den 27. Februar

Irgendwelche Partisanen, angeblich sowjetische, töteten in Rudnia 2 Deutsche und 2 litauische Forstgehilfen, [die] auf einer Hochzeit [feierten]. Nach diesem Mord erholten sie sich den ganzen Tag lang in Wisincza[55] und später gingen sie nach Nacza[56]. Am selben Tag gab es ein Eisenbahnunglück bei Orany.

Der 3. März, zweites ähnliches Eisenbahnunglück (Zusammenstoß) an derselben Stelle.

Ende Februar sammelten litauische Polizisten je 3 000 Rubel von denen, die im Frühling nicht in den Wald arbeiten gingen; so geschah es in [den Ortschaften] Ligojnie Wielkie und [Ligojnie] Male, Gudelki, Miedzyrzecze.

Die Polizisten aus Poluknia sammelten Geld von mehr als 100 Personen ein, [unter der Drohung,] dass »die Deutschen sie [sonst] erschießen würden«.

Bilanz des Februars. Viele Litauer flüchten vor der Mobilmachung aufs Land. Meistens flüchten sie nach Orany, Olita, Rudziszki. Ich sehe es, wenn ich auf der Landstraße »Dienst schiebe«. Neben den Eisenbahngleisen kann man nicht stehen, denn die Litauer patrouillieren dort sehr eifrig.

55 Ein Dorf im Rudniki-Wald.

56 Ortschaft und Waldgebiet in Weißrussland.

5. März, Freitag

Gegen 2 Uhr nachmittags erschien auf der Landstraße ein Taxi[57] [mit dem Kennzeichen] (wie es mir scheint) N 35979 mit »Befehlshabern«, und ihm folgte ein Auto mit Gefangenen. Bald [hörte man] Gewehrschüsse (das Auto fuhr von der *strategischen* Landstraße [in den Stützpunkt] ein, [es lag] wenig Schnee, die Straßenverhältnisse waren gut).

Da war es [das Auto] wieder, mit einigen Litauern zurück, das heißt, es würde noch einmal wiederkommen! So geschah es auch – es kam wieder. Diesmal hörte man Gewehrschüsse im ganzen Wald, [Gefangene] flüchteten. Ich befand mich neben dem Bahnwärterhäuschen. Das Taxi fuhr zurück, ein litauischer Leutnant saß auf dem »Herrensitz« [im Fond] und ein Deutscher fuhr das Auto. Nach einigen Minuten erschienen 2 Deutsche, mit zwei Sternen auf den Epauletten, beide waren jung, ca. 22–25 Jahre alt, einer trug eine Brille. Sie waren in Begleitung eines litauischen Unteroffiziers.

Es stellte sich heraus, dass die Deutschen nicht vom Stützpunkt losfahren konnten, da ihnen das Benzin ausgegangen war. Deshalb schickten sie Litauer nach Ponary zur Bahnstation zum Telefonieren und gaben ihnen die Rufnummer 3041 an. Sie selbst warteten am Bahnübergang. In diesem Augenblick kam hinter dem Bahnhäuschen ein »Partisan«[58] hervor mit einem Kleiderbündel: ein Hemd, vielleicht grau, auch dunkelblauer oder schwarzer Anzug, auch ein Teil eines Damenrockes war zu sehen. Er stieß auf die Deutschen. Sie hielten ihn an und befahlen ihm, die Sachen zurück zum Bus zu bringen. Er kehrte zwar durch das Tor [zum Stützpunkt] zurück, schlüpfte aber wieder heraus durch das Loch im Zaun und [ging] über das Bahngleis. Er wanderte weiter durch den Wald (ich folgte ihm), überquerte den Weg (von der Landstraße nach Ponary). Dort stand ein Fuhrwerk; er legte [die Sachen] hinein und fuhr nach Wilna los.

Es stellte sich heraus, dass sowohl die Deutschen als auch die Litauer schossen, denn die Verurteilten zerstreuten sich und wurden gejagt.

57 In der Umgangssprache der Ostpolen war (bzw. ist) das Wort »Taxi« ein Synonym für »Auto, Personenwagen«. Da Sakowicz es mit seiner Wortwahl nicht immer so genau nahm (mit Auto wurde sowohl ein Bus als auch ein Lastwagen bezeichnet), liegt die Vermutung nahe, dass er hier einfach einen Personenwagen meinte.

58 Als Partisanen wurden auch die litauischen Nationalisten bezeichnet, die gegen die sowjetische Besetzung gekämpft hatten.

Wechsel der Befehlsgewalt: Jetzt befiehlt den Henkern nicht nur ein Litauer, sondern dies tun zwei [Personen]: ein Deutscher und ein ihm unterstellter litauischer Offizier.
Der Rest der Sachen wurde erst am späten Abend mit dem Bus nach Wilna [gebracht]. Ich konnte nicht weiter beim Bahnwärterhäuschen bleiben, weil einer der Deutschen begann, mich aufmerksam zu mustern.
Der, der ein Radio nahm, war Jurgis Guoba.

Freitag, der 19. März
Ich stand auf der Landstraße und plötzlich gegen 12 Uhr mittags tauchte von der Kapelle her das bekannte Taxi auf. Darin saßen der Fahrer und vorne der ebenfalls bekannte Offizier mit Brille[59]; hinten irgendwelche zwei Zivilisten.
Mein erster Gedanke war: anscheinend eine Inspektion. Das Auto bog in die Zufahrtsstraße ein, und von da in den Stützpunkt. Wollen wir abwarten, bis die Inspektoren zurückkommen [dachte ich], aber bald knallten drei Maschinengewehrschüsse vom Stützpunkt her. Also war es keine Inspektion. Kurz danach kam das Auto zurück und darin saßen nur noch der Chauffeur und der Offizier mit Brille[60]. Der Rücksitz war leer.
Wer waren diese Leute? Man kann vermuten, diese zwei Verurteilten waren Litauer. Man musste nämlich wissen. dass die Deutschen während der letzten Tage, hauptsächlich seit Montag, dem 15. März, in Wilna und in ganz Litauen besonders viele litauische Würdenträger verhaftet hatten. [Dies war eine Reaktion auf] die litauische Kampagne gegen die Einberufung [der Litauer zum Militär]. Diese Kampagne wurde hervorragend durchgeführt. Gegen die Einberufung arbeiteten alle Litauer, vom untersten Provinzangestellten bis zu Prominenten in Wilna.
[Sogar] die litauische Polizei schickte alle, die zur Einberufung bestimmt waren, zurück nach Hause.[61]

59 Vermutlich SS-Mann Martin Weiss.
60 Ebd.
61 Der litauische Erzbischof in Kowno weigerte sich zudem, eine an die Front rückende litauische Legion zu segnen. Schur, Die Juden von Wilna, S. 135. Litauische Polizeibataillone übernahmen nun auch militärische Funktionen, insbesondere bei der so genannten Partisanenbekämpfung. Ab Sommer 1942 mussten die Offiziere der Einheiten auch ihre litauischen Rangbezeichnungen aufgeben und deutsche Rangbezeichnungen tragen. Stang, Kollaboration und Massenmord, S. 188 f.

Samstag, 20. März

Gegen 9 Uhr morgens kam ein Lastwagen, dem das Auto mit dem bebrillten Offizier voranfuhr. Diesmal folgte ein zweites Auto dem Lastwagen. Bald konnte man Maschinengewehrsalven hören, nach kurzer Pause Gewehrschüsse. Die Deutschen schossen also mit Maschinengewehren, und die Litauer mit Gewehren. Im Stützpunkt konnte man das Geschrei nur eines Verurteilten hören. Später am Nachmittag besprachen zwei litauische Henker, Walter (ein *Szaulis* aus der Region Klajpeda) und Merkyszysz etwas mit Jankowski, der sich bald zum Stützpunkt begab, um Klamotten zu holen. Als er zurückkam, erzählte er, dass er bloß Lumpen, die noch dazu stark blutbefleckt waren, [gefunden hätte]. Für alles hatte Jankowski 2600 Rubel bezahlt. Während Jankowski im Stützpunkt war, vertrat ihn Cz. Okuniewas im Häuschen[62]. Wer waren die Verurteilten? Anscheinend kamen sie aus dem Gestapo-Gefängnis und nicht aus dem Gefängnis in Lukiszki. Im Gestapo-Quartier in der Mickiewiczastraße befinden sich die Gefängniszellen im Keller. Wenn man dort die Entscheidung traf, den Häftling nicht mehr nach Lukiszki, sondern nach Ponary zu schicken, wurde er von den litauischen Gestapo-Leuten gezwungen, seine gute Kleidung auszuziehen. Er erhielt dann Lumpen und Holzschuhe. Bei den Lumpen wurden alle Knöpfe entfernt. So eine Kleidung lag nämlich im Bahnwärterhäuschen[63] und war von Jankowski erworben worden.

27. März, Samstag

Um 11 Uhr vormittags erschienen 2 Autos: ein Lastwagen und ein Personenwagen. Bald [hörte man] Gewehrschüsse, es schossen also Litauer. Der Lastwagen fuhr ohne den Personenwagen zurück, anscheinend um eine neue Gruppe [der Opfer] zu holen. [Plötzlich] trat eine Pause ein; es fielen nur noch 3 einzelne Schüsse. Offenbar war jemand nur verletzt worden und noch am Leben, also erschoss man ihn endgültig. Wieder ein Auto, wieder Gewehrschüsse.

Die zwei Wagen fuhren zurück. Das bedeutete das Ende der Exekutionen. Stille, ein Schuss, nach einer Weile ein erneuter Schuss. Stille. Zwei Litauer kamen auf die Landstraße hinaus, und unterhielten sich mit Jankowski. Erst am nächsten Tag erfuhr ich im Bahnwärterhäuschen, dass es Juden waren, ausschließlich »Weiber und Kinder«.

62 Im Original »Budka«, vgl. S. 56, Anmerkung 13.
63 Ebd.

April 1943

Das Jüngste Gericht

Am 25., 26. und 28. März strich die Gestapo in Ponary herum. Alle [Einwohner] hatten Angst. Einer der Deutschen kam an die Bahnstation und fragte, wie viele Güterwagen auf ein Nebengleis passen würden. Die Leute in Ponary hatten den Verdacht, dass diese Frage den eigentlichen Zweck des Besuchs [der Deutschen in Ponary] verschleiern sollte.

Der 4. April, Sonntag, 5 Uhr nachmittags – mit 4 Lastwagen kamen aus Wilna litauische Polizisten, in folgender Verkleidung:

1. in »Smetona«-Uniformen[64], d. h. in dunkelblauen oder grünen Mänteln und Mützen mit roten Bändern
2. in schwarzen Mänteln und schwarzen Schiffchen (Piroggen)[65], d. h. in deutschen Uniformen und
3. in Gestapo-Uniformen.

Sie brachten 2 Kisten mit Wodka mit. In den Wagen waren deutsche Gestapo-Leute, unter ihnen der Hauptschütze mit der Brille[66].

Es herrschte [in Ponary] allgemeine Panik, man warnte sich gegenseitig, versteckte »belastende« Sachen. Manche [Einwohner] übernachteten hier [in Ponary] nicht, sondern gingen aus Ponary weg. Die Gestapo-Leute gingen zum Stützpunkt, wir sahen, dass sie die nächste Grube[67] begutachteten. Dann gingen sie tiefer ins Gelände des Stützpunktes, um sich noch etwas anzusehen. Durch Ponary spazierten einige Litauer; unter den Ankömmlingen fiel die große Menge (Anzahl) der Polizeioffiziere auf.

Die Litauer vertrieben sich die Zeit, indem sie sich Ponary anschauten, Spaziergänge machten oder versuchten, ein Gespräch mit Einwohnern anzuknüpfen. Letzteres meist ohne Erfolg, denn jede Frage auf Litauisch wurde mit »ich verstehe nicht« auf Polnisch beantwortet. Schließlich schlug wie ein Blitz die Nachricht ein, dass Juden mit Zügen aus Wilna auf das Nebengleis gebracht und dann erschossen werden sollen. Es war schon dunkel, ich stand bei der Pforte [am Zaun], hörte wie die Lokomotive einfuhr, die auf dem Nebengleis seit langem stehenden, leeren Güterwagen mitnahm, und nach Landwarow fuhr. Stille.

64 Die Uniformen, die aus den Zeiten der litauischen Regierung vor 1940 stammten.

65 Eine polnische Pirogge (Maultasche) ist ein zusammengeklappter Teigkreis, also ein Halbkreis.

66 Vermutlich war wiederum SS-Mann Martin Weiss gemeint.

67 Die Grube in der Nähe des Anwesens von Sakowicz.

Bald kam ein Zug aus Wilna, er fuhr an Ponary vorbei.
1. Endlich kam ein Zug aus Wilna, der nicht mehr am Haus vorbei fuhr, sondern in Ponary blieb, denn es hörte sich an, als ob der Zug rangiert würde. Die Polizisten entzündeten ein Feuer. Stille! Nach Mitternacht gingen sie schlafen.
2. Ich wachte sehr früh auf, es war still und schon hell. Es war 5.20 Uhr morgens. Gegen 6 Uhr kamen Autos mit Gestapo-Offizieren. 4 Güterwagen wurden entriegelt und man hieß die Juden ohne ihr Gepäck aussteigen. Eine dichte Kette von Litauern und Gestapo-Männern umgab sie. Mit ungefähr je 5–6 Personen in einer Reihe nebeneinander brach man auf.
3. Juden, aufgeregt, doch sie gingen weiter. Aber als sie das Stacheldraht-Tor passierten, gewahrten sie schon von weitem die Gruben und begriffen, was ihnen bevorstand. Manche junge Juden und auch Frauen ergriffen die Flucht.
Man eröffnete das Feuer [auf sie]. Die fünf in Richtung Gleis [flüchtenden] Juden stießen auf den Stacheldraht. Ein Deutscher und einige Polizisten folgten ihnen, zahlreiche Schüsse. 3 Verurteilte stürzten zu Boden, 2 krochen durch ein Loch im Stacheldraht. Einer fiel gleich um, wurde getroffen, noch bevor er das Gleis überqueren konnte. Der Zweite [lief] über das Gleis zum Wald mir gegenüber, er fing aber an zu humpeln und stürzte neben einem Baum.
4. Der Rest der Juden, überwiegend Kinder und Frauen, ging weiter. Ein Teil des Menschenzuges wurde an der ersten Grube angehalten. Der andere Teil, die Hälfte der Gruppe, ging weiter. Aus dieser zweiten Hälfte der Kolonne flüchteten wieder einige Waghalsige, als sie eine Stelle mit dichtem Wald erreichten.
Die erste Hälfte der Gruppe, die vor der ersten Grube stand, muss sich ausziehen. Weinen, Stöhnen, Flehen, manche werfen sich den Litauern und den Deutschen zu Füßen. Diese verteilen Fußtritte und erschießen einige der aufdringlichsten [Personen]. Unter Schlägen ziehen [die Opfer] sich ca. 10 m von der Grube entfernt aus.
Die Juden, die nur Lumpen anhaben, ziehen sich nicht aus. Man treibt sie in die Grube und die am Rande stehenden Litauer fangen an zu schießen. Dann schleppt ein Mann, der sich bereits halbwegs entkleidete, eine anscheinend ohnmächtige oder vielleicht am Herzanfall verstorbene Frau an den Füßen in die Grube, dem Befehl eines Deutschen gehorchend. Nachdem er die Frau in die Grube gestoßen hat und sich umdreht, schießt ihm ein Litauer aus unmittelbarer Nähe in den Kopf. Man sieht genau, wie der Schädel zerbirst und der Mann wie ein gefällter Baum umstürzt. Gleichzeitig werden die restlichen Juden geschlagen und schon müssen

5 Personen, [darunter] eine Frau und 3 Mädchen sich an den Rand der Grube hinstellen, mit dem Gesicht zum Abhang. Der Litauer mit dem Revolver schießt von hinten und alle verschwinden in der Grube. Wieder werden mehrere Personen mit Gewehrkolben geschlagen, dann rasch in die Grube hineingetrieben. Die Litauer schießen auf sie von oben, vom Rande der Grube.

In diesem Augenblick fängt wieder das Schießen an. Offensichtlich wird die zweite Hälfte der Gefangenen erschossen.
An den Rand der Grube werden 7–8 Männer und Frauen gestellt, die Revolver werden fast an ihre Köpfe angelegt. Der Litauer [er]schießt sie der Reihe nach. Einer nach dem anderen stürzen sie wie gefällte Bäume in die Grube hinein. Zur gleichen Zeit marschiert ein Teil von Litauern ...
Beseitigung der ersten Gruppe, zum Zug zurück, um neue Opfer zu holen. Schließlich bleiben am Rand der Grube 3 Männer in Unterwäsche und die auf dem Sand verstreute Kleidung zurück. Ein Polizist nutzt die Unaufmerksamkeit eines Deutschen aus und stößt einige Kleidungsstücke mit einem Fußtritt ins Gebüsch. Der Deutsche erteilt einen Befehl und drei Juden rennen eiligst zu der Kleidung. Wir sehen, dass sie von dort Frauen (man sieht es deutlich) in die Grube schleppen; dieser Vorgang wiederholt sich zweimal. Schließlich springen sie selbst in die Grube. Es fallen 3 Schüsse. Ende.
Nein, doch kein Ende! Die Litauer werfen die Kleidung auf einen Haufen, plötzlich zieht einer der Litauer ein Kind unter der Kleidung hervor, er wirft es in die Grube hinein. Wieder ein Kind, noch eins und noch eins. Auf die gleiche Weise – in die Grube. Einer der Litauer stellt sich über die Grube und schießt augenscheinlich auf diese Kinder.
Was war das [eigentlich]? Verzweifelte Mütter versuchten ihren Kindern das Leben zu »retten«, indem sie die Kleinen unter den Kleiderhaufen versteckten. Wahrscheinlich hofften sie, dass wenn man die Kleider aufsammeln werde, die auf diese Weise verborgenen Kinder gerettet würden. Leider war dem nicht so.
Eine Pause von wenigen Minuten. Eine neue Gruppe, die in der Entfernung von 80–100 Metern von der Grube, bei der Baracke mit dem Gesicht zum Boden lag, steht auf. Auch diese Gruppe wird in 2 Hälften geteilt. Schon wieder wird [auf die Leute] eingeprügelt, damit sie sich ausziehen. Weinen, Stöhnen, Flehen. Eine Frau zeigt vor den Litauern auf ihr Kind, anscheinend noch ein Baby. Ein Litauer greift nach der Frau und stößt sie mit dem Kind in die Grube hinein.

Schließlich werden ziemlich viele Männer und Frauen, die sich wegen der schäbigen Kleidung nicht ausziehen mussten, in die Grube hineingetrieben. Von oben beginnt das Schießen aufs Neue. Schließlich werden sieben Frauen in Unterwäsche an den Grubenrand gestellt, es fallen Schüsse. An der gegenüberliegenden Seite der Grube werden 10 Männer und Frauen aufgestellt, wieder Schüsse. Wieder ein Kind. Ein Litauer befiehlt [einem der Gefangenen], es in die Grube hineinzuwerfen. Der Jude trägt es [das Kind] und plötzlich ergreift er zusammen mit dem Kind die Flucht in den Wald. Er wird verfolgt, es fallen Schüsse. Der Jude verschwindet hinter den Bäumen im Dickicht. Man hört noch Schüsse. Bald kommen die Litauer zurück. Konnte er flüchten?

Einer der Litauer sagt etwas zu den übrigen 3 Männern – Juden. In Begleitung von 2 Polizisten gehen sie alle in den Wald. Währenddessen erscheint die dritte Gruppe, angekündigt durch eine wilde Schießerei. Wieder beginnt das Gleiche: das Ausziehen.

Eine Frau (man sieht es genau) spuckt einem Deutschen ins Gesicht. Ein Litauer schlägt daraufhin mit dem Gewehrkolben auf sie ein und die Frau fällt zu Boden. Auf Befehl des Deutschen wird sie von 2 Juden in die Grube hineingezerrt. Kein Schuss fällt. Inzwischen kommen in Begleitung von 3 Polizisten die Juden aus dem Wald. Zwei tragen den Juden [der geflohen war], und der dritte trägt das Kind. Alle [Gefangenen] gehen in die Grube. Es fallen 3 Schüsse. Bald treibt man unter den Schlägen von Gewehrkolben weitere 40–50 Personen in die Grube. Erneute Schüsse von oben in die Grube. Wieder dasselbe.

Ein Mann leistet Widerstand, schreit etwas, zeigt auf die Kinder. Es fällt ein Schuss – der Mann fällt hin.

Eine Frau erhebt sich und setzt sich unaufgefordert an den Rand der Grube. Mit dem Ausruf »Mame« läuft ihr ein minderjähriges Mädchen in einem roten Pullover hinterher und setzt sich neben sie. Ein Deutscher wählt 4 weitere Personen aus und schießt dann allen aus einer Entfernung von 2–3 Metern in den Hinterkopf.

Man jagt wieder mehrere Personen in die Grube. 4 Männer in Unterwäsche werden aber angehalten. Die über der Grube stehenden Litauer eröffnen das Feuer. Ende. Der Deutsche erteilt den vier Juden einen Befehl, sie rennen in die Grube hinein. Es fallen keine Schüsse. Der am Rande der Grube stehende Deutsche gestikuliert, sagt etwas zu den Vieren [Delinquenten] in der Grube. Dann zündet er sich die Pfeife an, sieht sich [das Geschehen in der Grube] an und schreit wieder etwas in die Grube hinein. Anscheinend sind die [Juden] in der Grube mit etwas beschäftigt. Vielleicht ordnen sie die Ermordeten, füllen [mit Leichen Lücken] aus und

tragen [Leichen-] Berge ab? Der Deutsche gibt schließlich den Litauern ein Zeichen, es fallen 4 Schüsse.
Eine neue vierte Gruppe [trifft ein] und es wiederholt sich das Gleiche. Auf ungefähr ähnliche Weise [werden] noch 7 weitere Gruppen [ermordet], insgesamt 11 Gruppen. Gegen 11 Uhr [vormittags] ist alles still. Wirklich schon [das Ende]? Tatsächlich! Der Zug war leer, eine Lokomotive kam und zog ihn weg. Alle Habseligkeiten der Ermordeten hatte man vorher aus den Wagen auf den Boden entladen und nun lag dort ein riesiger Haufen von Sachen. Kissen, Matratzen, Kinderwagen, irgendwelche Körbe, Koffer, Küchengeschirr, sehr viele Säcke voller Kartoffeln, Brotlaibe, Kleidung – alles durcheinander.
Wie es sich herausstellte, wurden in der Zeit von 7 Uhr morgens bis 11 Uhr vormittags 49 Wagen [Menschen] erschossen, dieser erste Güterzug bestand nämlich aus soviel Waggons.

Das Jüngste Gericht

Während knapp 4 Stunden wurden also etwa 2 500 Menschen getötet oder sogar mehr. Es konnten nur wenige, ungefähr 50 Personen fliehen. Dass sich nur so wenige retten konnten, kann man damit erklären, dass nur einzelne Personen flohen. Wenn z. B. eine Gruppe von 200–250 Gefangenen geführt wurde, dann ergriffen immer nur 4–5 von ihnen die Flucht. [Mit ihnen] gingen aber 50–60 Litauer, es entstand also ein allgemeines Durcheinander. Die Flüchtenden wurden allerdings meist ohne größere Mühe erschossen, vor allem deshalb, da sie fast alle den Fehler begingen, durch das offene, nicht aufgeforstete Gelände zu laufen. (Anscheinend) waren sie in ihrer Aufregung nicht geistesgegenwärtig genug, erst dann zu flüchten, wenn sich die Kolonne dem Wald genähert hatte. Kein Ende.
An die Station kam ein neuer Zug mit Opfern.
Anscheinend verstanden diese neuen [Gefangenen] sofort [die Lage] und es wurde ihnen klar, in welches »Kaunas«[68] sie gebracht wurden und was sie bald erwartete. Also wandten sie eine andere Fluchttaktik an, die im Allgemeinen zu größeren Erfolgen führte, als die Fluchtversuche [der Gefangenen] aus dem vorherigen Zug.
Sobald die Wagen geöffnet und die Verurteilten auf das Gleis vor den Wagen hinausgetrieben und in Gruppen eingeteilt worden waren, ergrif-

68 Man belog die Juden und erzählte ihnen, dass sie ins Ghetto nach Kaunas (Kowno), gebracht würden.

fen sie (fast alle) augenblicklich die Flucht in verschiedene Richtungen. Es entstand Chaos, [man hörte] Schüsse, das Geschrei der Flüchtenden und der Verfolger. Die meisten [Flüchtlinge] rannten über das Gleis in Richtung der Straße, nach Nowosiólki, die anderen [flohen] in Richtung der Landstraße usw.

Die Litauer schossen, einer der Polizisten fiel, von der Kugel getroffen. Ein Wagen transportierte ihn ab. Es zeigte sich, ein anderer Polizist hatte auf einen Juden geschossen, aber den Kollegen getroffen, der in die Schusslinie geriet.

Eine Jüdin im dunkelroten Pullover lief weg, gefolgt von einem Mädchen. Sie hatte bereits den gefährlichen, offenen Bahnhofsplatz überquert und bog in eine Gasse ein. In diesem Augenblick hörte sie hinter sich einen Schuss und das Geschrei des Kindes: »Mame, mame!« Sie drehte sich um, lief zurück und prallte fast gegen einen Polizisten. Ein Schuss – sie fiel tot zu Boden.

Die meisten [Gefangenen] liefen Richtung Nowosiólki, dort [in diesem Dorf] lagen auf der Straße auch die meisten Toten, denn der Großteil [der Opfer] flüchtete sich dorthin.

Von dieser Gruppe [die in dem Zug war] kommen nur knapp einige Dutzend Personen, überwiegend Frauen und Greise, hinter den Stacheldraht. Vor der Grube werden sie geschlagen. Eine Frau in dunklem, langem Mantel schreit weinend etwas zu einem Deutschen hinüber. Ein Litauer schießt von hinten aus einer Entfernung von 2–3 Metern [auf sie] und die Frau fällt um.

Auf die übrig gebliebenen, die sich langsam und zögernd ausziehen[69], stürzen sich ein paar Litauer und schlagen sie mit Knüppeln auf die Köpfe. Einige [Frauen] springen auf, flüchten blindlings wie Wahnsinnige in die Grube hinein. Es fallen zahlreiche Schüsse. Eine mit Blut beschmutzte Frau in Unterwäsche kriecht gellend schreiend heraus. Ein Litauer durchsticht sie mit dem Bajonett, sie fällt [zu Boden], ein anderer erschießt sie schließlich aus unmittelbarer Nähe.

Der Rest der Gefangenen wird in die Grube gejagt, ein Teil [von ihnen], etwa 15–20 Personen, muss sich an den Rand der Grube setzen. Ich sehe Kinder, alle in Unterwäsche. Es fallen Schüsse.

69 Im Original steht das polnische Wort rozbiegają »auseinander laufen«. Da die Worte für »ausziehen« (poln.: rozbierają) und »auseinander laufen« sich nur durch einen Buchstaben unterscheiden, liegt vermutlich eine falsche Übertragung vor.

Vom Tor her taucht eine neue große Gruppe auf, vielleicht 400 Personen, dicht umringt [von Soldaten]. Offensichtlich zogen die Litauer aus der Flucht der ersten Gruppe ihre Lehren und bewachen diese Gruppe höchst aufmerksam. Vor der Grube legen sich alle [Gefangenen] bäuchlings auf den Boden. Einige Dutzend Personen werden abgezählt und dann zur Grube gebracht. [Die Litauer] unterhalten sich miteinander, endlich sagt einer von ihnen etwas zu den Verurteilten. Sie fangen an, sich zu entkleiden. Eine Frau mit einem Kind auf dem Arm, zwei andere klammern sich an ihren Rock, wird erbarmungslos von einem Litauer mit einem Knüppel geschlagen. Geschrei. Ein Jude ohne Sakko nimmt die Geschlagene in Schutz und stürzt sich auf den Litauer – es fällt ein Schuss – der Jude fällt beinahe vor die Füße der Jüdin. Ein anderer Litauer entreißt der Frau das Kind und wirft es in die Grube hinein. Die Jüdin läuft wie von Sinnen in die Grube, ihr folgen die zwei Mädchen und es fallen drei Schüsse. O Graus! In dieser Gruppe waren alle – Frauen, Männer, Kinder – ganz nackt ausgezogen! Von alleine laufen sie gehorsam in die Grube – es fallen Schüsse. Von den auf dem Boden Liegenden wird die Hälfte abgezählt, [zur Grube] gehetzt, man hört die Schreie der Litauer: »Schneller, schneller!«[70]

Sie [die Gefangenen] drängen sich vor der Grube und auch sie ziehen sich nackt aus. 5 Jüdinnen mit Kindern in den Armen hat man an den Grubenrand gesetzt, [unter ihnen] eine Blondine in grauer Unterwäsche. [Die Jüdinnen] bedecken die Köpfe der Kinder mit der Hand. Es fallen Schüsse. Drei Juden werden nicht erschossen, sie [müssen] von der Stelle, wo sie sich auszogen, eine weitere Frau in die Grube schleifen, anscheinend war sie plötzlich gestorben. Sie kommen zurück und tragen wiederum eine andere Frau an Händen und Beinen, dann wieder einen Mann und wieder kommen sie zurück. Ein Litauer befiehlt ihnen, sich mit dem Gesicht zum Boden hinzulegen.

Der Rest der Gruppe [die aus diesem Transport noch Lebenden] steht auf; zwei Frauen bleiben liegen. Ein Litauer tritt mit dem Fuß nach ihnen – [es passiert] nichts. Andere Juden tragen sie. [Wieder] müssen sich alle nackt ausziehen. Es wird geschossen. Die drei Juden stehen auf, räumen den [Hinrichtungs-]Platz auf und werden dann ebenfalls erschossen. Zwischen den Kleidern finden die Litauer 2 Kinder, [die sie] in die Grube [werfen].

70 Im Original als Zitat gekennzeichnet. Die Litauer gaben die Anweisung in polnischer Sprache.

Das Jüngste Gericht[71]

Die Litauer gingen in zwei Reihen, um neue Opfer zu holen. Nach mehreren Minuten heftiges Schießen. Vor dem Haus von Czesnik rennt ein Jude, jung, stattlich. Er wird von einem Polizeioffizier verfolgt, es fällt ein Schuss. Der Jude humpelt, der Litauer holt ihn ein bei den *szczyty*[72]. Als der Jude auf dem Boden liegt, hebt er flehentlich die Hände. Der Litauer sagt etwas, der Jude nickt und holt aus der Brusttasche ein schwarzes Bündel hervor. Der Litauer nimmt es, sieht es sich an, steckt es in seine Hosentasche hinein, fragt etwas. Der Jude schüttelt den Kopf, der Litauer schießt [auf ihn] aus unmittelbarer Nähe. Der Jude sinkt nieder. Bei dem Toten findet man einen Schülerausweis mit Foto und dem Namen Szapiro Judel, Sohn von Benjamin – Schüler der dritten Klasse der Oberschule in Swieciany, ausgestellt am 18. März 1941.

Gleichzeitig [mit dem Jungen] ergriffen ungefähr 20 Personen die Flucht. Im Hintergrund [der Szene] laufen ein Mann, 30–35 Jahre alt, mit einem Kind auf dem Arm, seine Frau und zwei kleine Mädchen davon. Es fällt ein Schuss, der Vater [der Familie] fällt zu Boden. Die Mutter umklammert ihren Ehemann, schreit etwas, vergisst die Flucht, die Kinder sind bei ihr. Zwei Litauer laufen herbei und erschießen sie alle.

Zwei weitere Juden laufen geradeaus zum Wald, es fallen Schüsse. Die Juden brechen zusammen, sie bleiben liegen, aber am nächsten Morgen sind sie nicht mehr da. Offensichtlich stellten sie sich tot und im Schutz der Nacht flüchteten sie. An der Stelle wo sie lagen, neben dem Haus von Kondratowicz, [fand man] eine Blutlache und einen Arbeitsschein ausgestellt für Liszanski, Wulf aus dem Ghetto in Swieciany. Etwas weiter lag im Gebüsch der Reisepass Nr. 504494 von Szapiro Boris (anscheinend der Bruder von Judel?).

71 Bereits am Morgen des 5. April 1943 trafen die ersten Nachrichten von der Deportation der Juden aus den Landghettos nach Ponary in Wilna ein. Herman Kruk schrieb: »Rumors – Since early in the morning, the mood has been dreadfully unclear. The tale spreads from ear to ear that the trains from Oszmiana and Swieciany were taken … to Ponar. Nobody believes it, but they do listen.« Einige Stunden später wusste Kruk die Wahrheit: »Everything we have written above is no rumor. Now it is clear: instead of going to Kovno, the trains … went to Ponar … 83 cars with more than 4000 Jewish victims were taken there.« Kruk, The Last Days of the Jerusalem of Lithuania, S. 500 f.

72 Möglicherweise vom russischen Wort »ščiti« für Schilder, Schutzbretter, Gatter abgeleitet. Somit wären die Schutzzäune gemeint, die im Winter entlang der Eisenbahnstrecken aufgestellt und im Sommer zu kleinen Pyramiden aufgestapelt wurden.

Vor dem Haus[73], unmittelbar vor den *szczyty* fällt ein junger Jude um, ein Litauer läuft zu ihm und mit großer Wucht schlägt er ihn mit dem Gewehrkolben auf den Kopf. Er schlägt ihm den Schädel ein.
Und am nächsten Tag [sah man] an dieser Stelle Gehirnmasse. Zusammen mit Gienia Ciesiulówna vergrub ich das Gehirn. Wir fanden dabei den Ausweis von Hirsz Berkowski aus Gudogaj.
Gleichzeitig, direkt vor dem Haus, holt der Litauer noch einen anderen [Juden] ein und schießt. Dieser fällt zu Boden und windet sich in Todeszuckungen; dann [wird er] ruhig. Der Litauer, der über ihm stand, legt das Gewehr zur Seite, beugt sich [über die Leiche] und zieht dem Toten die Schuhe aus!
Insgesamt waren es 9 Gruppen im zweiten Zug, die meisten Personen (4 Gruppen) mussten sich nackt ausziehen. Um ca. 16 Uhr [war] Ende.
Vier Juden ließ man am Leben, sie räumten unter Aufsicht der Litauer die Kleidung [der Opfer] auf. Danach zerschlugen sie [irgendwelche] Kisten und schütteten weißes Pulver in die Gruben. Dann streuten sie mit Schaufeln etwas Erde darüber, und als sie damit fertig waren, gingen auch sie von alleine in die Grube und wurden getötet. Sie arbeiteten ungefähr über eine Stunde lang.
Stille. Vom Gleis her erscheinen 5 Litauer. Sie gehen zum Wald gegenüber dem Haus. Sie stoßen dort auf einen Juden, der am Oberschenkel verletzt [auf dem Boden] liegt. Sie töten ihn.
Nach einer Stunde kriecht aus *szczyty* ein kleiner Jude, 10–12 Jahre alt, heraus. Der Arme kann nicht gehen, er kriecht. Er kriecht zu dem totem Judel Szapiro, und dann zu unserem Hof. [Wir geben ihm] Baldrian, Wasser. [Er erzählt:] »Die Mutter, bei der meine Schwester war, sagte zu mir an der Grube: ›Sohn, laufe weg!‹ Ich rannte dann weg. Ich bin am Bein verletzt.« [Wir gaben ihm] Brot [und brachten ihn] von der Haupt- auf die Nebenstraße. Er [stammte] aus Oszmiana[74].
Zusammen mit Juden [kam] ... am nächsten Tag auch die jüdische Polizei.
Am Dienstag, dem 6. April, die Grube, mit Ästen zugedeckt, und dann im Sack mit Kartoffeln nach Wilna.[75]
Eine Frau mit Kind [fuhr] von Wilna nach Kaunas. Auf dem Bahnhof von Wilna [stieg sie in den Waggon] und wurde nach Ponary gebracht.

73 Das Haus von Sakowicz.
74 Stadt im polnischen Teil des Reichskommissariats Ostland.
75 Der Satz ist unverständlich, da aber die feminine Verbform benutzt wird, handelt es sich hier offensichtlich um eine Frau.

Hier [gab es nur] Weinen, dann wurde sie [von den anderen oder von dem Kind] getrennt und nach Wilna zur Gestapo gebracht.
Den ganzen Dienstag über [fuhr man] mit Autos [herum und sammelte] die Sachen [der Ermordeten ein], ebenfalls sammelte die jüdische Polizei [die Leichen] der Getöteten und am Abend ihre Sachen.
In Ponary wird kein ungekochtes Wasser getrunken. Wegen des Blutes? Die Sachen werden gestohlen. Die besseren [Sachen behalten] die Deutschen und die Litauer, die schlechteren [schafft] die jüdische Polizei nach Wilna.
Am Dienstag schoss ein Deutscher die Verlobte von Kiejzik an. U. a. Wereszko hat die Sachen auf einer Schubkarre geklaut.

Anmerkungen[76] zum »Tag des Jüngsten Gerichts«
[Zu] 1. Ich schiebe weiter »Beobachtungsdienst« an meiner [Garten-]Pforte. Von der Bahnstation Ponary her [sieht man] das Licht von Lagerfeuern. Dort kampieren die Litauer. Wieder ein Zug aus Wilna, er fuhr vorbei, ohne zu halten. Weitere Züge fuhren vorbei.
[Zu] 2. Am Montag, den 5. April.
[Zu] 3. Es gehen ungefähr 200–250 Personen, überwiegend Kinder, Frauen. Jüngere Leute gibt es sehr wenig, die Frauen tragen viele Säuglinge.
[Zu] 4. [Ein Mann] hielt sich mit der Hand am rechten Oberschenkel, offensichtlich war er an dieser Stelle verletzt.
4a. Ein anderer, ein Jüngling, rannte schnell durch einen abgeholzten Wald und flüchtete.
5. [Sie wurden] getrieben von den Litauern, unter erbarmungslosen Schlägen mit Gewehrkolben.
Eine dunkel angezogene Frau im hellen Kopftuch stürzte auf den Boden, anscheinend fiel sie in Ohnmacht. Sofort befahl man den 4 am nächsten stehenden Männern, sie hochzuheben und zu tragen.
6. Dies machte einen schrecklichen Eindruck auf den Rest der Verurteilten, die von den Schüssen nur 10–15 m entfernt waren; und sie sahen also, was mit ihren Nächsten passierte und was sie selbst erwartete. 3 Männer und 2 Frauen, davon eine Frau mit Kind auf dem Arm, ergreifen die Flucht. Sie [die Frau mit dem Kind] wird von einem Litauer eingeholt. Er schlägt sie mit dem Gewehrkolben auf den Kopf. Die Frau fällt um. Er [der Litauer] langt nach dem Kind und packt es am Bein. Er nähert sich der

76 Die Anmerkungen 1 bis 4 beziehen sich auf die Einträge auf Seite 86.

Grube und wirft es hinein. In diesem Augenblick fallen die 3 Männer zu Boden – der 1 ist tot, die 2 sind erschöpft und körperlich am Ende ihrer Kraft nach dem Erlebten. Sie werden ergriffen und mit den Gewehrkolben in die Grube hineingetrieben.
7. Gleichzeitig hört man vom stehenden Zug her chaotisches Schießen, das dann ganz verstummt und es fallen nur noch vereinzelte Schüsse. Aha, eine neue Gruppe der Verurteilten geht in den Tod. Da sie die Schüsse [auf der Hinrichtungsstätte] hörten, verstanden sie, was hier geschah, und versuchten dann auf der Stelle vom Waggon zu fliehen. Bald schreitet eine neue Gruppe durch das Drahttor, wobei ich sehe, dass 11 Personen getragen werden. Es sind entweder verletzte oder beim Fluchtversuch getötete [Personen]. Da gerade noch an der Grube die Hinrichtung der ersten Gruppe in Gange ist, legen sie sich auf Befehl eines Deutschen mit dem Gesicht zu Boden und warten, bis sie »an die Reihe« kommen.
Ein Jude stach, als man ihn aus dem Zug auszusteigen hieß, einen Deutschen mit dem Messer in den Kopf. Dieser stürzte zu Boden und wurde mit dem Auto nach Wilna abtransportiert. Litauer schlugen den Juden mit Gewehrkolben tot. Dies spielte sich im zweiten Zug ab.
Ein anderer Litauer wurde verletzt.

»Tag des Jüngsten Gerichts«

Dieser Gefangene, der durch den abgeholzten Wald geflohen war und dann schwach wurde, weil er am Bein verletzt war, und der danach getötet wurde, hieß Daniszewski Wigdor. Man konnte das auf einem kleinen Zettel lesen, auf dem das Siegel »Judenrat – Ghetto Aschmena«[77] und das Datum 28. Oktober 1942 standen. Der Zettel befand sich in der zerrissenen, leeren Brieftasche. Nach der Ermordung durchwühlten die Litauer noch die Taschen und Brieftasche des Getöteten. Der Getötete …

Das Jüngste Gericht – Anmerkungen

Viele Leute flüchteten nach Rajstele. Eine Jüdin versteckte sich in einem Entwässerungsrohr beim Bahnübergang, aber Wysocki verriet sie. Ein

77 Offensichtlich der deutsche Name für Oszmiana. Bei Stang findet sich auch die Schreibweise Asmena. Stang, Kollaboration und Massenmord, S. 107. In Oszmiana bestand von Oktober 1941 bis April 1943 ein Ghetto. Encyclopaedia Judaica, Bd. 12, S. 1496 f.

anderer Jude stürzte den Litauern von der Brücke bei Ludwinowo. Ums Leben kamen auch Sikorski und Walentynowiczowa.

Der 17. April, Samstag

Aus dem Gefängnis in Wilna wurden ungefähr 20 Personen hergebracht und dann erschossen. Man fand zerrissene Geldscheine zu 20 RM, 5 RM usw.

Der 21. April

Die Gruben wurden endgültig zugeschüttet. Die Juden arbeiteten Tag und Nacht.

28. April, Mittwoch

Gegen 1 Uhr mittags brachte ein Auto verschiedene Leute, überwiegend aus Dörfern, unter ihnen einige Juden. Sie wurden in der Grube, die man nicht zugeschüttet hatte, erschossen, (d. h. in der kleinen Grube in der Nähe [des Hauses] der Rudzinskis).

Mai 1943

3. Mai, Montag

Eine Sensation. Eigentlich war es so: Von der Gestapo aus Wilna fuhr ein Lastwagen, mit dem gewöhnlich die Verurteilten zum Stützpunkt gefahren wurden. Es war 11 Uhr morgens. Ein schöner, sonniger, aber windiger Tag. Der Lastwagen hielt auf der Landstraße nach Grodno, 200–250 Meter nach der Serpentine. Es begann eine Schießerei und einer [der Gefangenen] wurde vor dem Auto getötet. Dann stürzte man sich in die Jagd auf jemanden im Wald. Es wurde ständig geschossen. Straßenarbeiter versteckten sich im Graben und hörten, wie einer der Schießenden auf Russisch sagte: »Dieser Schuft ist davongelaufen.« Sie gingen dann zu den im Straßengraben liegenden Arbeitern und fragten sie auf Russisch: »Was macht ihr hier? Habt ihr gesehen, wie jemand flüchtete? Danach brachten sie den Toten ins Auto, verwischten mit den Füßen die Blutspuren und fuhren zum Stützpunkt, wo bald zahlreiche Schüsse zu hören waren. Bald [kam] ein zweiter Wagen mit Gestapo-Leuten. Sie kontrollierten alle [Passanten] auf der Straße. Menschenjagd im Wald [dauerte] bis zum Abend.

Unter dem Vorwand, dass ich zur Genossenschaft nach Waka müsse, fuhr ich um 8 Uhr abends mit dem Rad auf der Landstraße nach Landwarów. Im Wald an der Landstraße befragten die Deutschen und die Litauer [immer noch Passanten], sie schossen auch. Es gibt darüber verschiedene Versionen.
Seit dem 1. April 1943 bekamen alle Litauer aus dem Stützpunkt Gestapo-Uniformen. Ihr erstes Auftreten in den neuen deutschen Uniformen war am »Tag des Jüngsten Gerichts«.

3. Mai, Montag

Der Lastwagen, den ich auf einem anderen Blatt erwähnte, der dort anhielt, wo die Straße nach Grodno anfängt und wo dann die rätselhafte Schießerei stattfand und jemand flüchtete, kam dann über die *strategische* Landstraße im Stützpunkt bei der Grube bei [dem Haus von] Rudzinska an. [Dort] wurden vorher, also am 5. April, am Tag des Jüngsten Gerichts, die Juden erschossen. Nachdem man [die Leiche] des auf der Landstraße getöteten Mannes in diese Grube hineinwarf, begann man weitere Opfer aus dem Auto zu treiben. Es wurden bisher nicht vorkommende Vorsichtsmaßnahmen getroffen: Die Gefangenen wurden einzeln geführt, mit nach hinten gefesselten Händen. [Jeweils] zwei Litauer führten [einen Gefangenen] und jeder hielt den Verurteilten an einer Hand. Nachdem sie den Verurteilten zum Rand der Grube gebracht hatten, beförderten sie ihn mit einem kräftigen Stoß hinein. Am gegenüberliegenden Rand der Grube standen drei Litauer mit Gewehren, die auf den Hineingestoßenen feuerten. Insgesamt wurden wohl 11 Personen hergebracht. Es waren überwiegend junge Leute, die Gefangenen mussten sich aber nicht ausziehen.
Bereits 2–3 Stunden später verkauften die Litauer die Kleidung. Darunter waren auch Schafspelze (Achtung, im Mai!) – offensichtlich waren [die Gefangenen] Leute vom Land oder aus Waldregionen.

4. Mai, Dienstag

Heute, gegen 14 Uhr (in letzter Zeit gab es morgens keine Transporte) kam wieder ein Wagen. Wieder wurden die gefesselten und [an den Händen] festgehaltenen [Gefangenen], erschossen, so wie gestern.
Die Litauer sagen, dass sie noch viel Arbeit haben würden, weil Juden aus dem Ausland hergebracht werden sollen. Angeblich wurden schon im vier-

ten Fort[78] in Kaunas die Juden erschossen, die aus Frankreich, Belgien usw. unter dem Vorwand, dass man sie nach Schweden transportieren wolle, hergebracht wurden.

5. Mai, Mittwoch

Heute wieder ein Wagen, wieder dieselben Vorsichtsmaßnahmen bei der Erschießung. Es ist bemerkenswert, dass über den Gruben ständig Krähen und Raben kreisen. Man sieht genau, dass sie in der Grube eintauchen. Offensichtlich werden die Ermordeten nicht eingegraben. Das bedeutet, man wird die Grube noch brauchen.

Noch zu dem »Tag des Jüngsten Gerichts« vom 5. April (geschrieben am 5. Mai)

Es zeigte sich, dass sich damals in der Wachstube auf der Brücke (auf der *strategischen* Landstraße) der *Szaulis* [namens] Kiewielis, der aus Jewej (Wiewis) stammte, aufhielt. Er hatte 4 Juden auf dem Gewissen, denen es an diesem Tag wie durch ein Wunder [gelang], vom Stützpunkt aus dem Auto zu fliehen. Als Kiewielis 2 der flüchtenden Juden bemerkte (er war in der Wachstube), sprang er halbangezogen, barfuß und mit dem Gewehr in der Hand aus der Stube, trotz der Kälte und ohne auf den Schnee in den Löchern[79] zu achten. Er holte die zwei Juden ein und erschoss sie aus der Hüfte heraus in der Nähe von Ludwinowo. Er verbot den Bauern, sich den Getöteten zu nähern, bis er zurückkäme. Er rannte zurück und kam angezogen wieder. Er zog die Juden aus, vorher durchsuchte er aber sehr gründlich ihre Taschen. Danach schlug er den Toten ihre goldenen Zähne aus, mit einem extra dafür mitgebrachten Hammer. Als er mit dieser Arbeit fertig war, bemerkte er den aus dem Landgut Waka bei Landwarów nach Ponary gehenden Rechtsanwalt Sikorski[80]. Er forderte ihn auf, sich aus-

78 Im 19. Jahrhundert wurde um die Stadt Kaunas (Kowno) ein Festungsring mit Forts angelegt. Diese Forts dienten den Deutschen als Haft- und Exekutionsstätten. Benz/Neiss, Judenmord in Litauen, S. 14.

79 Sakowicz meinte mit Löchern, die mit Schnee gefüllten Schlaglöcher auf der Straße.

80 Im April 1942 berichtete Sakowicz schon einmal vom Tod eines Rechtsanwalts Sikorski. Entweder täuschte sich der Chronist oder es handelte sich um einen Advokaten gleichen Namens. Der Name Sikorski ist in Nordostpolen nicht selten. Es könnte sich aber auch um einen Verwandten gehandelt haben. Vgl. S. 69.

zuweisen, dann zerriss er dessen Papiere und befahl ihm auf ein Gebüsch zuzugehen. Als dieser 3 oder 4 Schritte machte, erschoss er ihn von hinten vor den Augen der Hirten aus Ludwinowo. Dann nahm er dem toten Sikorski seine Mappe und Brieftasche ab. Die Bauern dagegen hieß er die Leiche sofort begraben, dafür durften sie die Schuhe des Getöteten mitnehmen.

Dieser Mord wurde jedoch dank der Ehefrau des Toten und der Zeugen aus dem Dorf aufgedeckt. Mehrere Tage später schlug Pawel Zajaczkowski aus Ludwinowo in der Nacht (in Ludwinowo) den Kiewielis mit einem Stock auf den Kopf. Kiewielis stürzte auf den Boden, der Täter wurde erstaunlicherweise nicht entdeckt.

Am Donnerstag wurde, wie ich dies bereits erwähnte, nur die eine Grube, die sich in unserer Nähe[81] befindet, zugeschüttet, die andere jedoch nicht. Offensichtlich wird diese in der Zukunft noch gebraucht. Zugeschüttet wurde sie [die Grube] durch Juden, unter der Aufsicht von ein paar Litauern.

13. Mai 1943, Donnerstag

Gegen 12 Uhr mittags fuhr ein Lastwagen mit Verurteilten und Litauern, begleitet von einem Taxi[82], an die Grube bei den Rudzinskis. [Die Gefangenen wurden] erschossen. Dann ein zweites und drittes Auto. Die Verurteilten wurden bis auf die Unterwäsche ausgezogen, bis auf zwei, die schwarz gekleidet waren. Man konnte sehen, wie ein Mann in grünem Anzug irgendwo ins Gebüsch geführt wurde. Dann fiel ein Schuss. Unter den Erschossenen (ca. 70 Personen) waren 6 Frauen, einige Juden und jüdische Polizisten sowie angeblich 2 Priesterschüler (aus Troki, oder in Troki verurteilt)[83].

Am nächsten Tag fand Jan Sienkiewicz aus Chazbiejewicze zwei dicke, in Leder eingebundene polnische Gebetbücher. Am gleichen Tag kam der *Szaulis* Gajlonis, der einem Chinesen sehr ähnlich aussieht, ins Bahnwärterhäuschen und brachte dem Trzeciak aus Czarnobyl eine teils beschädigte Soutane und wollte von ihm RM. Trzeciak gab ihm 30 RM. Die Soutane hatte ein charakteristisches dichtes Lochmuster. An diesem Abend tranken

81 In der Nähe des Anwesens von Sakowicz.

82 Personenwagen, vgl. S. 82, Anmerkung 57.

83 Der Autor war sich nicht sicher, ob die Priesterschüler aus Troki stammten, oder dort verurteilt wurden.

die *Szaulisi* in Chazbiejewicze, am nächsten Tag auch. Der Handel lief auf Hochtouren.

Geschrieben am 18. Mai 1943

Eigentlich war es mit dieser Schießerei (die ich erwähnte) auf der Landstraße nach Grodno in der Nähe der Serpentine, so: Aus Wilna kam ein Lastwagen ohne Plane, nur mit Seitenwänden.

In der Serpentine flüchteten [aus dem Wagen] 2 Menschen, die zum Stützpunkt gefahren wurden. Das Auto fuhr weiter (es war 11 Uhr morgens) und erst, als es auf die Landstraße nach Grodno hinauffuhr, hielt es ca. 200 m hinter der Kapelle an. Aus dem Auto sprangen 5 mit Gewehren und Revolvern bewaffnete Kerle in Zivil heraus. Hinter ihnen kroch heraus oder vielmehr wurde ausgesetzt ein armer Teufel und wurde gleich auf der Straße erschossen. Dann fingen sie an, entlang der Straße und auf den Wald an der Straße zu schießen. Sie waren betrunken. Sie stürzten sich auf einige Straßenarbeiter und fragten diese, ob sie Flüchtende gesehen hätten. Sie fragten auf Russisch. Dann nahmen sie den Toten mit und fuhren zum Stützpunkt. Kurz danach kam ein zweites Auto mit Gestapo-Leuten. Sie fragten die Arbeiter nach der Stelle, wo das erste Auto angehalten hatte. Dann fuhren auch sie zum Stützpunkt und man konnte dort viele Schüsse hören. Danach kamen das Auto mit den Gestapo-Leuten und das erste Auto [von vorher] zurück, ohne die 5 bewaffneten Männer, leer. Ich vermute, dass die [Männer] aus dem ersten Wagen die Flucht von 2 Verurteilten vorgetäuscht hatten. Sie verhalfen ihnen zur Flucht auf der Serpentine, und dann fuhren sie weiter bis zur Straße nach Grodno und täuschten vor, die Flüchtenden zu jagen. Die Deutschen aus der Gestapo entdeckten dies und erschossen die 5 [Männer] auf dem Stützpunkt. Für alle Fälle aber veranstalteten sie später eine Razzia usw.

PS

28. Mai, Freitag

Im Gefängnis in Lukiszki konnte jemand die Folter nicht mehr ertragen, er hängte sich in der Zelle auf. Man brachte ihn [seine Leiche] zum Stützpunkt.

Eine längere Pause, (fast 2 Wochen) wurde nicht geschossen.

28. Mai, Freitag
Neben der Ziegelei [waren] 5 Zivilisten, und 11 [Männer] in Uniform. Gegen 11 Uhr morgens legten sich die Gestapo-Leute in den Hinterhalt: Mit Hilfe eines 14-jährigen Vertrauten ergriffen sie einen Rad fahrenden bewaffneten Mann, der jung und groß war. Er kam aus Wilna. GP[84] – Leute versteckten sich in der Ziegelei. Was sollte das?

Der 29. Mai, Samstag
Der erste Wagen [kam] um ungefähr 11.15, der zweite gegen 13 Uhr nachmittags. Die Verurteilten lagen [im Auto] und über ihnen standen die Litauer mit einsatzbereiten Waffen. Es war ein gewöhnlicher Laster der Gestapo, mit einer Plane aus grünem Segeltuch, der hier üblicherweise »verkehrt«. Der Tag war sehr schön, sonnig, warm.
Am nächsten Tag verlangte im Häuschen[85] Wysocki aus M. Ligojnie von einem Bauern 500 Rubel für drei Nachthemden im guten Zustand, der Bauer wollte jedoch nur 300 Rubel geben. Das Geschäft wurde nicht abgeschlossen.
Seit dem 20. Mai stehen auf der Bahnbrücke (auf der *strategischen* Landstraße) keine Litauer mehr, sondern Deutsche und Ukrainer. Eigentlich sind es keine Ukrainer, sondern Russen, ehemalige Kriegsgefangenen, die sich bei den Deutschen zur Arbeit meldeten, um ihr Brot zu verdienen. Jetzt bewachen sie die Gleise. Dadurch hat sich [die Lage] gebessert, denn die Litauer (vom Stützpunkt) berauben nun niemanden mehr auf der Straße – sie haben Angst vor den Deutschen.
Nach dem Tag des Jüngsten Gerichtes in Ponary trinken viele Leute kein ungekochtes Wasser. Sie haben Angst, dass das Wasser Blut enthält. Habe ich das schon geschrieben?

Juni 1943

8. Juni, Dienstag
Heute gegen 10 Uhr morgens waren im Stützpunkt zuerst einzelne Schüsse, dann 2 Salven zu hören. Was hat es damit auf sich?

84 Entweder meinte Sakowicz damit die litauische Geheimpolizei oder die deutsche, also die Gestapo.
85 Im Original »Budka«, vgl. S. 56, Anmerkung 13.

24. Juni, Donnerstag, Fronleichnam
Es kamen 2 Autos. Ich zählte ... 35 kleinere Salven und einzelne Schüsse.[86]
Für 300 Rubel verkaufte man einen Wintermantel und eine Baskenmütze für ein 3–5-jähriges Mädchen sowie ein Bettlaken. Das Ganze verkaufte *Szaulis* Jonas, genannt Joska.
Achtung. Seit 2 Monaten wird einzeln geschossen, d. h. jeweils ein [Gefangener] mit gefesselten Händen an der Grube. Es wird in den Hinterkopf geschossen.

Der 29. Juni – Dienstag, Peter-und-Paul-Tag
Wegen der Flucht der 6 Juden aus dem Torfmoor bei Terniany wurde jeder zweite der dort [arbeitenden Juden] umgebracht. Man tötete sie nicht direkt [an der Stelle], sondern zuerst brachte man sie gegen 10 Uhr zum Stützpunkt, von der Seite der *strategischen* [Landstraße]. Aus Wilna kam nur die Gestapo. Es gab 4 Lastwagen [mit] Verurteilten.

Juli 1943

Der 2. Juli, Freitag
Um 7 Uhr morgens tauchte überraschend ein Gestapo-Taxi[87] auf und fuhr zum Stützpunkt. Dort wurde nur eine Person erschossen. Warum kamen sie wegen nur einer Person?
Sie [die Gestapo-Leute] begruben die Leiche ohne Hilfe der Litauer.
Achtung. Der 2. Juli – Freitag – ist ein Marien-Feiertag[88].

Der 4. Juli, Sonntag
Die *Szaulisi* betranken sich und schießen. Über mir das Pfeifen von Geschossen. Ich ging zum Gleis, um nach meinen Hühnern zu schauen. Sieniec war dabei. Wir neigten uns über den Boden ...

86 Kruk berichtete unter dem 25. Juni 1943: »Yesterday a few Jews were shot in Ponar. ... Altogether, 17 persons ...« Kruk, The Last Days of the Jerusalem of Lithuania, S. 572.
87 Personenwagen, vgl. S. 82, Anmerkung 57.
88 Mariä Heimsuchung.

Ein Getöteter [lag] auf der anderen Gleisseite, gleich in der Nähe vom Drahtzaun. Er lag dort bis Mittwoch, dann wurde er durch die Judenpolizei abgeholt. Ein Litauer verkaufte die Schuhe noch an den Füßen des Leichnams.
Nach Ludwinowo flüchteten doch 2 Juden, und nicht nur einer. Die Flüchtenden wurden von einem Litauer, der auf der Brücke war, bemerkt. Er rannte, nur in der Unterwäsche, erschoss sie, dann kam [er] zurück, entkleidete die Toten und zog mit bloßen Händen ihre Goldzähne, vor den Augen der Dorfbewohner. Als jemand sagte, dass es viel Gold sei, erwiderte der Litauer darauf, dass er es nicht verkauft, sondern »für sich« behält.

Der 7. Juli, Mittwoch
Gegen 14 Uhr erschien ein Lastwagen. Man schoss mit einzelnen Schüssen in einer etwas weiter gelegenen Grube, irgendwo in der Nähe der *strategischen* Landstraße. Das Auto kam um 15 Uhr zurück. Es war windig, doch es regnete nicht. Als die Litauer (Henker) zurückkamen, zogen sie das Segeltuch, mit dem der Wagen bedeckt war, ab, lachten und aßen etwas nach der Arbeit. Als ich einige Tage später in Wilna war, erzählte man mir, dass an diesem Tag u. a. Wyrwicz erschossen wurde. Es war allerdings schwierig, etwas darüber zu erfahren, denn die *Szaulisi*, die den Stützpunkt überwachen, gingen ins Dorf, nach Nowosiólki und Chazbiejewicze, denn sie rechneten damit, dass der Tag ruhig bleibt. Es gab also niemanden, den man fragen konnte.

12. Juli, Montag
Unerwartet, erst um 5 Uhr abends, kam ein Lastwagen. Weinen von Frauen und Kindern wurde mit zwei Revolverschüssen beendet, dann kam noch eine Salve und [das war] alles. Wen [man erschoss] weiß ich nicht. Partisanen sagen, es waren Juden, aber das stimmt nicht. Angeblich sollen die Litauer die Polen fürchterlich misshandeln, dabei auch Frauen und Kinder.

15. Juli, Donnerstag
Gegen 10 Uhr ein Lastwagen und eine Salve und das war's. *Szaulisi* sind sehr verschwiegen.

PS

Bis zum laufenden Jahr, d.h. bis 1943, benahmen sich die sich im Wald versteckenden Juden ganz brav. Dagegen jetzt, also 1943, wurden aus ihnen Banditen, sie überfallen einzelne Häuser im Dorf oder sogar ganze Dörfer (z. B. Zwierzyniec). Sie überfallen auch [Passanten] auf den Straßen. Am Sonntag, den 11. Juli 1943 plünderten die Juden Fuhrwerke im Rudniki-Wald, die sie auf dem Weg, [der weiter] durch Rudniki [führt], anhielten. Sie rauben Schuhe, Essen und sind dabei sehr rücksichtslos. Die Dorfbewohner flüchten, sie fangen an, sich zu wehren, indem sie die Juden an die Litauer verraten. Am Montag, den 12. Juli gab es eine Menschenjagd in den Wäldern bei Sienodwór und Nowickiszki. Es wurden ungefähr 30–40 Juden und einige Bolschewisten getötet. In diesem Wald versteckten sich Hunderte Personen und [deshalb führten] 70–80 Litauer und Deutsche aus Ejszyszki mit Maschinengewehren [diese Suche durch].

Die Juden und Bolschewiken waren auch gut bewaffnet, sie hatten Maschinengewehre usw. Trotz ihrer zahlenmäßigen Überlegenheit gaben sie bloß einige Schüsse [ab] und flüchteten in Panik. Man kann dies damit erklären, dass alle diese Juden und Bolschewiken überwiegend Flüchtlinge aus dem Nacza[89]-Wald waren. Im vergangenen Monat wurden sie dort von einer großen Gruppe von Litauern und Deutschen aus Wilna aufgespürt, [die] mit ein paar Flugzeugen, die den Wald bombardierten und 3 Panzerwagen [ausgestattet waren]. Die Flüchtlinge vermuteten, dass dies auch hier geschehen würde, umso mehr, als dieser Wald klein war. Deswegen ergriffen sie in Panik die Flucht in verschiedene Richtungen: 1. nach Butrymance, wo sie in einen Hinterhalt gerieten und getötet wurden; die Mehrheit von Flüchtlingen begab sich aber nach 2. Stryliszki und 3. direkt nach Jurszyszki. Dort [in Jurszyszki] blieb ein Teil [von ihnen] im Wald, was ich selbst sah, als ich dort [durch den Wald] fuhr. Ich tat natürlich dabei so, als ob ich nichts sehen würde. 4. [Sie flüchteten aber auch] direkt in den Wald von Rudniki.

Sie flüchteten ohne Mützen, sogar nur in Unterwäsche. Den Leuten, die sie trafen, nahmen sie Mützen weg und wenn es ging, zogen sie ihnen auch die Kleidung aus.

Auf der Flucht verübten sie Raubüberfälle, u. a. in Strytiszki.

Gegen 5 Uhr abends gab es wieder eine Razzia. Diese von Juden organisierten Überfälle sind nicht durch Notfall, d. h. Geldmangel verursacht.

89 Region und Ort in Weißrussland.

Nein, denn es wurden nämlich nach dieser Menschenjagd beträchtliche Geldsummen bei den Getöteten gefunden. Deshalb fahren die Bauern lieber durch Rudnia und nicht auf der Landstraße, weil es dort keine Deutschen gibt. Das Ergebnis ist aber das Gleiche. Die Bauern jammern, weil sie den Deutschen Abgaben bezahlen müssen ... Im Wald sind Kühe und das andere Vieh.

Am Donnerstag, den 22. Juli (es scheint mir, an dem Tag)
Ich sah Poczter. Dieser erzählte mir das »Märchen«, dass die jungen Leute aus dem ersten Jahr der Massenerschießungen, d.h. 1941 nicht erschossen, sondern irgendwohin zur Arbeit abtransportiert worden wären!! Es ist nicht wahr! In Wilna sagt man, dass im Juli Wyrwicz, und im Juni oder Juli die Suszczynskis erschossen wurden.

Der 24. Juli 1943
Um 10 Uhr morgens fuhren ein Auto und ein Lastwagen zum Stützpunkt. Gewehrschüsse und 2 Revolverschüsse. Interessant, Schüsse im ganzen Wald, als ob jemand geflohen wäre. Angeblich waren das die Juden, die man zur Strafe dafür erschoss, dass einige aus ihrer Gruppe in den Wald flüchteten. Im Ghetto von Wilna herrscht übrigens eine große Aufregung, man spricht über die nahe Ausrottung aller Juden [aus dem Ghetto]. Deshalb flüchten sie. Im Stützpunkt gab es viel Weinen. Wójcik, bei dem jetzt oft Saufgelage von *Szaulisi* stattfinden, kaufte die Kleidungen.

Am 24. Juli
Es wurde in weiteren Gruben geschossen.

26. Juli, Montag
Gegen 12 Uhr kamen ein Auto und ein Lastwagen an. Es kamen ziemlich viele Litauer und 3 Deutsche. Beide Autos blieben an der Grube bei den Rudzinskis stehen.
Neuheit: Die Deutschen haben einen Schäferhund dabei. Aus dem Auto führten sie eine Frau und zwei Mädchen, nicht älter als 7–9 Jahre. Ein Deutscher sagte etwas, die Frau streckte ihm die Hände entgegen und sagte auch etwas, sie weinte. Plötzlich springt ein Litauer heran und schlägt die Frau mit dem Gewehrkolben. Die erschrockenen Mädchen

ziehen weinend ihre Kleider über den Kopf aus, die Frau macht dasselbe. Der Deutsche setzt die Kinder an den Rand der Grube, führt die Frau zur Grube und schießt ihr in den Nacken. Die Frau fällt, die Litauer schießen mit Gewehren auf die Kinder.
Wieder [kommt] eine Frau aus dem Auto, wieder zieht sie sich bis zur Unterwäsche aus. Die Frau rauft sich die Haare, der Litauer schleppt sie zur Grube, setzt [sie] an den Rand – eine Salve und die Frau verschwindet. Schon wieder eine dritte Frau, wieder eine Salve. Aus dem Auto werden jetzt 3 Männer herausgeholt, Salve. Wieder einige Männer – Salve, aber vorher müssen sie sich ausziehen. Danach, wahrscheinlich wird die Grube von dieser Seite langsam voll, postieren sich auf diese Stelle die bewaffneten Litauer und an den gegenüberliegenden Rand die Opfer, die man jetzt nicht mehr sieht, weil sie von Bäumen und Sand verdeckt werden. Die Deutschen trainieren den Hund für die Jagd auf Opfer. Sie befehlen ihnen wegzulaufen, und der Hund jagt das Opfer. Die Litauer sehen es und la[chen] …
Es betrifft die Schüsse vom 26. Juli 1943.
Es kam ein zweites Auto und es wurde wieder geschossen. Man konnte niemanden sehen. (Ich weiß nicht, ob ich schon darüber schrieb, dass eine Gruppe von Juden den Wald auf dem Stützpunkt ausdünnte. Dabei bedrohten die Litauer sie ständig mit dem Erschießen.) Am Nachmittag verkaufte der *Szaulis* Grygsztas (der angeblich für das Begraben der Opfer deren ganze Kleidung bekam) alle Kleidung »en gros« für 10 000 Rubel. Er war darüber bekümmert, dass Wojcik nicht zu Hause war, denn dann könnte man damit Handel treiben. [Die Kleidung] kaufte Sienkiewicz aus Chazbiejewicze (Der Sohn des alten Sienkiewicz, der im Stützpunkt erschossen wurde. Der junge Sienkiewicz unterhält jetzt gute Beziehungen zu dem Stützpunkt.)
Bald kam mit dem Zug aus Wilna (der um 17.30 aus Wilna abfährt) ein anderer *Szaulis* und er jammerte im Bahnwärterhäuschen, dass er »so gute Waren« verpasste. Er ging zum Stützpunkt und nach einer Weile kam er zurück und brachte ins Bahnwärterhäuschen ein Paar Schuhe, 2 Unterhosen, eine wie ein Schachbrett schwarz-weiß karierte Hose, 5 Paar Strümpfe und 4 Paar Kinderstrümpfe. Für all das wollte er 1 500 Rubel. Er freute sich darüber, dass Grysztas die Toten immer nur sparsam mit Erde zudeckte, sodass die Knie [der Toten] daraus hervorlugten, und man sie ganz leicht ausziehen konnte.
PS: Ein Mann (Opfer) stolperte und stürzte, während er aus dem Auto ausstieg. Die Litauer töteten ihn mit dem Gewehrkolben und schleppten ihn in die Grube.

29. Juli, Donnerstag
Ein Wagen, Gewehrschüsse im ganzen Wald. Die Opfer wurden irgendwo in der Grube tief im Wald verscharrt. Die Litauer lachen und sagen, dass sie einen Hund abrichteten. Doch dieser sei zu dumm, denn wenn er ein Kind sieht, fasst er es nur an der Kleidung, anstatt zuzubeißen.

30. Juli, Freitag
Ein Auto, das Telefonmasten [geladen] hatte, fuhr vor. Aus dem Wagen stiegen 4 Juden und 3 Jüdinnen aus. Nachdem sie die Masten an die ihnen gezeigten Stellen hingebracht hatten, wurden die Juden und Jüdinnen erschossen. Wozu braucht man diese 4 Masten? Angeblich soll hier Telefon- oder Strom[leitung] gelegt werden, na ja – bald werden wir es sehen. Im Stützpunkt gibt es viele ... *Szaulisi* sammeln nur ... Kaufleute.
Ich sah die erste Grube, gegenüber dem Haus. Sie war nicht zugeschüttet (d. h. noch 1–2 Meter tief). Sollte sie noch Verwendung finden?

Juli 1943, »Mäuschen«, eine kleine, graue Hündin mit Hängeohren und langem Schwanz, bellt abends schrecklich, sogar bis spät in die Nacht, aber morgens kann man sie sehen, wie sie vom Stützpunkt zurückkehrt[90].
O ja! Die Kinder der Familie Jankowski und Rudzinski kennen das »Mäuschen«, denn sie weiden das Vieh auf dem Stützpunkt und sie haben sie [»Mäuschen«] oft aus der Grube verscheucht.
Sie [die Hündin] gräbt die Erde in der Grube auf, zerreißt dann Kleidungsreste an den Opfern und frisst sie [die Opfer]. Sie reißt Busen, Bauch, Beine, Gesicht, Wangen, d. h. das, was sie ausgräbt. Sie ist ein kleines Ungeheuer. Aber Sieniuc ist stolz darauf, dass er ein solches kleines Monster besitzt. Dabei stammt er selbst von Juden ab. Vielleicht frisst die Hündin seine nahen Verwandten? Da sich Sieniuc und die eigentliche Besitzerin von »Mäuschen«, Kwiatkowska von Gemeinheit und niederträchtigem Instinkt leiten lassen, wollen sie die schrecklichen Dinge nicht sehen. Wenn ihr in der Nacht die Kette nicht abgenommen wurde und sie tagsüber auf dem Stützpunkt behindert wird, greift die Hündin Hühner und Küken an. Das kleine Monster springt sogar auf einen großen Hahn oder auf eine Gans, die größer sind als sie. Die Beschwerden sind umsonst. Andere beschweren sich nicht, weil sie Angst vor Balabosta[91] haben.

90 Die genaue Beschreibung des Weges von »Mäuschen« findet sich unter dem Eintrag am 20. August 1943, S. 111.
91 Hauswirtin; jiddisch: Baleboste.

Seit einigen Tagen sehen wir vor unseren Fenstern ganze Züge voller Bauern: Männer, Frauen und Kinder. Auf den Flachwagen [stehen] Fuhrwerke, [liegen] Räder, Deichselgabeln, Achsen und das andere bescheidene Hab und Gut.
Manche Fenster [der Wagen] sind vergittert, die Türen verriegelt. Anscheinend sind es Vertriebene. Wird es ihnen so ergehen, wie den Juden, die »zum Arbeiten« verschickt wurden? Man verbrennt doch [die Juden] bei lebendigem Leibe.

August 1943

Jetzt (im August) [wird die Straße] gewöhnlich von einem uniformierten Polizisten und einem *Szaulis* in Zivil (neuer Nachwuchs) oder mit einem zweiten Polizisten bewacht (und das erleichtert das Plündern, denn eine Uniform der Polizei erweckt den Anschein der offiziellen Autorität).[92]

6. August, Freitag
Am Nachmittag schlug in Ponary wie ein Blitz die Nachricht ein, dass man in Wilna am Bahnhof wieder [die Wagen] mit Juden belade, unter dem Vorwand, dass sie zur Arbeit geschickt würden. Gleich danach [erzählte man sich], dass insgesamt schon 3000 Juden in Wilna verladen worden seien und dass man damit rechnen müsse, dass der Zug heute Nacht oder in dem frühen Morgen in Ponary ankommt. Gleichzeitig [kam] die Nachricht, dass man in Burbiszki, Porubanek und bei Czarny Bór Juden erschieße, und dass das Ghetto aufgelöst werden solle, dass Juden in der Nähe des Bahnhofs in Wilna flüchten würden und dass es schon Tote gegeben hätte usw.

7. August, Samstag
Am frühen Morgen stehe ich auf und gucke hinaus. Am Bahnhof in Ponary steht kein Zug. Ach so, also nicht in Ponary. Dann erfahre ich, dass der Zug mit Juden tatsächlich in Richtung N. Swieciany geschickt wurde. Man sagt, dass diese Juden im Wald bei Bezdany erschossen worden seien.

92 Damit wollte Sakowicz ausdrücken, dass auch litauische Polizisten Straßenräuber waren.

Was jedoch Porubanek, Burbiszki, Czarny Bór angeht, schoss man nur, wie ich erfahren konnte, auf die in Porubanek beschäftigte Gruppe der Juden, die in den Wald flüchteten. Ein Teil von ihnen wurde getötet, und ein Teil entkam. U. a. sahen die Arbeiter der Ziegelei in Dolna im Wald eine Gruppe von Juden, die ihre Wunden auswuschen. Übrigens: Die Juden sehen ihr Ende kommen, deshalb flüchtet jeder, der kann, aus dem Ghetto.

8. August, Sonntag

Während des Tages und noch am Abend plünderten betrunkene Polizisten und zwei andere [Männer], die den Stützpunkt bewachten, alle [Leute] auf der Straße und kippten auf der Suche nach dem Fusel u. a. [Ladungen der] Fuhrwerke aus.

9. August, Montag

So etwas passierte bisher noch nicht. Ich schrieb schon über das Holzsägen durch die Juden im Stützpunkt. Jetzt wurden 6 Juden mit Sägen hingebracht. Man zeigte ihnen die auf dem Boden liegenden Klötze und hieß sie sägen. Als die Säge den halben Durchmesser [des Stammes] erreichte, kam es zur Explosion. Es stellte sich heraus, dass man Versuche mit in den Stämmen angebrachten Sprengladungen anstellte. Auf diese Weise kamen 6 Juden ums Leben. Sie wurden einfach zerrissen.

10. August, Dienstag

Gegen 10 Uhr kam ein Lastwagen begleitet von einem Taxi[93]. Er fuhr von der Landstraße nach Grodno in den Stützpunkt hinein und hielt bei der Grube bei [dem Haus von] Rudzinska an. Man ließ alle auf einmal aussteigen, [es waren] mehrere Leute, viele ergriffen die Flucht. Chaotische Schießerei, Kugeln pfiffen über dem Wald, in dem ich zusammen mit Kulakowski Holz sägte. Wir versteckten uns hinter Holzstapeln, andere Arbeiter unterbrachen ihre Arbeit und flüchteten. Der Lastwagen fuhr weg (das Taxi blieb). Aha, es werden wohl noch [weitere Gefangene] hergebracht. Jawohl – nach einer Stunde kommt der Lastwagen zurück. Diesmal fallen einzelne Schüsse, denn aus dem Lastwagen werden [die Leute] einzeln herausgeführt. Die Schüsse fallen in gewissen Zeitabständen. Nach

93 Vermutlich ist wieder ein Personenwagen gemeint. Vgl. S. 82, Anmerkung 57.

jedem Schuss sagt Kulakowski: »Ewige Ruhe.« Dann wird es still; angeblich waren es Juden sowie einige Nicht-Juden.

13. August – Freitag

Einer der Polizisten stand beim Bahnwärterhäuschen und erzählte, dass er einen [angeschossenen] Juden erschoss, der [mit seiner Verletzung] noch 3 Tage lang lebte. Der Hund von Sieniuc schleppte aus dem Stützpunkt Gedärme an. Wieder Raben.

14. August, Samstag

Gegen 9 Uhr kam ein Auto zur Grube bei [dem Haus von] Rudzinska. Die Gefangenen wurden einzeln herausgeführt und dann wurde geschossen. Die Opfer waren unterschiedlich: 2 Frauen, einige Bolschewiken und der Rest – Zivilisten aus dem Gefängnis in Lukiszki. Es gab keinen einzigen Juden. Jetzt, also seit einem Monat, schießen auch Polizisten.

20. August, Freitag[94]

Seit mehr als 10 Tagen werden von mehr als zehn Juden mit 3 Fuhrwerken die zersägten Holzstämme vom Stützpunkt auf die Straße transportiert. Von da holt sie ein Gestapo-Lastwagen ab. Am Sonntag, den 15. August, hielt die deutsche Patrouille auf dem Eisenbahngleis eine Frau an (heller Mantel, schwarzes Kleid), 30 Jahre alt. Die Deutschen übergaben sie den Litauern. Die sperrten die Frau in den Geräteschuppen von Rudzinska[95] *ein und am Montagmorgen übergaben sie sie den Gestapo-Leuten, die im Lastwagen kamen, um Holzstämme zu holen. Ein Eisenbahner behauptet, dass sie die Gefangene nach Wilna mitnahmen. Aber Czoja*[96] *sagt, dass sie zum Stützpunkt gebracht und erschossen worden wäre. Angeblich war es eine Lehrerin aus [dem Ort] Iwej*[97].

94 Die Eintragungen vom 20. bis 25. August liegen nicht mehr im Original vor. Die Dokumente fehlen in den Archiven. Die Notizen müssen seinerzeit jedoch existiert haben, da der Text in einer russischen Übersetzung vorliegt.

95 Es ist unklar, ob der Schuppen Frau Rudzinska gehörte, oder Sakowicz den Schuppen in der Nähe ihres Hauses meinte.

96 Sakowicz machte keine näheren Angaben zu dieser Person.

97 Jewej (lit.: Wiewis), Städtchen in Litauen.

August 1943. Die Tatsache, dass »Mäuschen« die Leichen ausgräbt, wundert eigentlich niemanden, weil sie einfach schlecht mit Erde bedeckt wurden (da es schade um den Platz wäre, wenn man sie mit dickeren Schichten bedecken würde). Im Allgemeinen ist alles [sind die Leichen] nur leicht mit Erde bedeckt, sogar dort, wo [die Opfer] im letzten Jahr getötet wurden. Im Stützpunkt herrscht ein schrecklicher Gestank. Überall sieht man Fetzen der verstreuten Herren-, Damen-, Kinderkleidung, verschiedene Kleiderstücke, wie Unterwäsche, Damenpantoffeln, Herrenmützen, Ärmel, Hemden, Socken, irgendwelche Bücher, Kopftücher, Wintermäntel und Mäntel. [Wohl alles Getier] übernachtet hier auf den Böschungen der Gruben.
Es breiten sich große Fliegenschwärme aus. Vogelspuren wechseln sich mit Hundespuren ab. In den Gruben ragen [aus dem Sand] Beine ohne Fleisch, Schädel, Augenhöhlen, Kleidungsreste oder eher Unterwäschereste. [Man sieht] auch zahlreiche Stellen, an denen die Erde von Hunden und Vögeln aufgewühlt wurde. Es war der 21. August.1943.
Der Weg von »Mäuschen« ist immer derselbe: durch ein Loch im Zaun von Sieniuc in Richtung szczyty[98]*, dann geht die Hündin auf das Bahngleis. Man kann sie sehen, wenn sie die Gleise überquert, danach verliert man sie für eine Weile aus den Augen und gleich taucht sie wieder auf, auf dem Stützpunkt, auf dem gelben, sandigen Weg, den sie überquert, um dann zwischen den Bäumen zu verschwinden. Auf dem Rückweg trägt sie manchmal etwas [im Maul]. Einmal, im August 1943, schleppte sie Gedärme an, aber plötzlich erschreckte sie sich und ließ sie vor dem Anwesen von Sieniuc fallen. Kinder legten die Därme auf den Zaun von Sieniuc.*
Da keine häufigen Patrouillen der Deutschen auf dem Eisenbahngleis stattfinden, wagten einige Litauer Straßenraub. Aber jetzt finden die Plünderungen [sowohl] nachts [als auch] tagsüber statt, wenn die Litauer vom Fusel nicht betrunken sind. Sie schlagen, misshandeln dabei [Leute], sie kippen Holz aus den Fuhrwerken, [in der Hoffnung], etwas unter dem Holz zu finden. Am Sonntag, den 8. August 1943 plünderten sie zusammen mit Jankowski dermaßen [fleißig], dass sich vorne eine Schlange von Fuhrwerken bildete. Als sie dann mit der »Arbeit« fertig waren, gab es auf der Landstraße zerschlagene Flaschen, Milchflecken, Holzstücke, zerbrochene Holzstöcke der Pferdepeitschen, ein zertretener Becher, zerschlagene Tontöpfe.

98 Vgl. S. 92, Anmerkung 72 .

25. August, Mittwoch
Neben Rossa[99] *in Wilna, in dem ehemaligen Kloster der »Wizytki«*[100] *wurden Juden zusammengetrieben. Die Litauer behaupten, dass sie bald nach Ponary zur Erschießung gebracht werden würden.*

Dr. Alfred Meyer[101], Stellvertreter von Rosenberg, war in Waka am Montag, den 23. August 1943 [zu Besuch]. So stand es im »Goniec Codzienny«[102] am Dienstag, 24. August. Sie [d. h. Meyer und seine Begleitung] fuhren auf der Landstraße nach Grodno. Sie waren [dort] am Nachmittag. Nach dem Mittagessen gaben ihnen Lastwagen mit Soldaten Begleitschutz. Unterwegs interessierte man sich für den Stützpunkt. Sie verweilten da nur kurz, denn bald kehrten sie wieder in ihren glänzenden Limousinen zurück.

September 1943

4. September, Samstag
Ein ruhiger Tag. Die *Szaulisi* gingen an [den Fluss] Waka, um von der Brücke auf Fische zu schießen. Gegen 4 Uhr nachmittags tauchte der bekannte Lastwagen auf. Er bog in den üblichen und bewährten Weg zum Stützpunkt ein und hielt an der Grube bei [dem Haus von] Rudzinska an. Einige Litauer (*Szaulisi*) sprangen heraus, sie trugen eine Leiche aus dem Auto. Sie warfen sie in die Grube, schütteten schnell Erde auf sie und fuhren weg. Wer es war, ist nicht bekannt, vielleicht ein Selbstmörder aus dem Gefängnis in Lukiszki oder aus dem Gestapo-Gebäude oder vielleicht ein während des Verhörs zu Tode gefolterter Gefangener. Er wurde ohne Kleidung in die Grube geworfen.

Der 9. September, Donnerstag
Gegen 10 Uhr morgens fährt ein Lastwagen durch den Bahnübergang und biegt zum Stützpunkt ab. In dem offenen Lastwagen (nicht der Lastwagen mit der Plane, der üblicherweise kommt), auf 2 Bänken mit Lehnen,

99 Friedhof sowie Ortsteil.
100 Katholischer Frauenorden.
101 NSDAP-Gauleiter, Teilnehmer der Wannsee-Konferenz, Suizid am 11. April 1945. Klee, Das Personenlexikon zum Dritten Reich, S. 406 f.
102 »Tageskurier«, polnisch-sprachige, antisemitische, prodeutsche Zeitung in Wilna. Kruk, The Last Days of the Jerusalem of Lithuania, S. 310 f.

über die gesamte Länge der Pritsche, sitzen die Litauer und zwischen den Bänken, auf dem Boden, sitzen ärmlich angezogene Frauen, manche ganz abgezehrt. Neben dem Fahrer sitzt der bekannte Gestapo-Offizier, dessen Anwesenheit im Auto das Fahrtziel erklärt – den Stützpunkt. Der Wagen biegt ab, ihm folgt ein Taxi[103]. Sie halten an der Grube neben [dem Haus von] Rudzinska. 2 Deutsche stehen abseits und unterhalten sich, zünden sich Zigaretten an. Ein Teil der Litauer springt vom Lastwagen herunter, einige bleiben sitzen. Manche Frauen fangen an zu jammern, die Litauer schreien [sie an] und sagen etwas. Die Frauen ziehen sich jammernd aus. Manche zögern, ein Litauer schlägt sie mit dem Stock über den Kopf. Einige Frauen im Lastwagen tragen bereits nur noch Unterwäsche. Der Litauer macht eine Handbewegung, sagt etwas. Die Frauen in der Unterwäsche fangen an, über etwas zu sprechen. Worüber – das hört man nicht, aber der Litauer schlägt sie mit dem Stock auf die Köpfe. Sie versuchen ihre Köpfe mit den Händen zu schützen, schreien, und manche ziehen die Unterwäsche aus, der Rest der Geschlagenen macht dasselbe. Sie sind jetzt ganz entkleidet. Die Litauer zeigen sich etwas, indem sie mit den Fingern auf die Nackten weisen.
Auf Befehl eines Deutschen steigen einige Frauen (vielleicht 5 oder 6) aus dem Wagen. Die Litauer treiben sie mit Kolben- und Stockschlägen auf den Rücken an und drängen sie in die Grube hinein. Nachdem alle in der Grube sind, wird von oben [auf sie] geschossen. Der Rest der misshandelten [Frauen] im Auto heult grauenhaft und wird [später ebenfalls] in die Grube hineingestoßen. Wieder Schüsse und Stille. Der Wagen fährt ab. Bei der Grube bleiben 2 Männer (ein Polizist und ein Zivilist) zurück, die die Grube ein wenig zuschütten. Wer waren die [Opfer]? Jüdinnen, oder nicht?
Am Abend, gegen 5 Uhr nähere ich mich dem Häuschen[104] unter dem Vorwand, dass ich ins Dorf fahre, um Futter für die Gänse zu holen. Hier stehen Jankowski, der Polizist und der Zivilist, der, wie sich herausstellt, ein *Szaulis* ist. Dieser war zum ersten Mal im Stützpunkt und auch zum ersten Mal bei einer Exekution dabei. Er ist angetrunken. Sie beginnen sich zu unterhalten. Es zeigt sich, dass insgesamt 17 Frauen erschossen wurden, darunter 3 polnische Mädchen, 15, 16 Jahre alt, sie waren, sagt er [der *Szaulis*], an Syphilis erkrankt. Der Rest waren Jüdinnen, die bei der Flucht

103 Personenwagen, vgl. S. 82, Anmerkung 57.
104 Im Original »Budka«, vgl. S. 56, Anmerkung 13.

aus dem Ghetto geschnappt wurden. 9 von ihnen kamen aus dem neu entstandenen Ghetto in Rossa[105].
Der Litauer [der *Szaulis*] schimpfte, dass in der Grube eine Hand [aus der Erde] hervorlugte. Er schlug mit einer Stange darauf, aber das half nicht, also ließ er es so bleiben, denn sonst müsste man zu viel Erde aufschütten. Aber zumindest konnten sie [er und die anderen *Szaulisi*] einige Klamotten vom Wagen klauen.

11. September, Samstag
Am Mittag erscheint ein Personenwagen mit Gestapo. Sie steigen aus und gehen spazieren. Was ist los?
Bald erscheinen von Wilna einige Personenwagen, die durch Lastwagen mit Soldaten eskortiert werden. Sie fahren an dem Stützpunkt vorbei, die Fahrenden schauen sich etwas an und gestikulieren. Es geht wohl um den Stützpunkt. Die Gestapo-Leute halten immer noch Wache am Bahnübergang. Nach ca. einer Stunde kommen die Personenwagen zurück. Ich sehe höhere deutsche Offiziere, die nach Wilna zurückkehren.

15. September
In »Goniec Codzienny«[106] stand, dass in Wilna und Waka der Generalkommissar von Renteln[107] »zusammen mit seinem Stab weilte«.

Der 17. September, Freitag
Um ca. 8 Uhr morgens erfahre ich, dass vor einer Weile ein dicht zugedeckter Lastwagen auf den Stützpunkt fuhr. Ich gehe zum Bahnübergang. Neben dem Tor zum Stützpunkt steht ein Gestapo-Mann. Im Stützpunkt

105 Dabei handelte es sich offensichtlich um einen umzäunten Sammelplatz im Ortsteil Ros(s)a, auf dem später, zwischen dem 22. und 24. September 1943, die Bevölkerung aus dem aufgelösten Wilnaer Ghetto konzentriert und dann von dort aus nach Estland und Lettland deportiert wurde. Ermittlungsbericht des Oberstaatsanwalts Wolf, S. 44 f., Kruk, The Last Days of the Jerusalem of Lithuania, S. 659.
106 »Tageskurier«, vgl. S. 112, Anmerkung 102.
107 Theodor Adrian von Renteln, ab dem 17. Juli 1941 Generalkommissar von Litauen. 1946 in der Sowjetunion hingerichtet. Klee, Das Personenlexikon zum Dritten Reich, S. 492.

herrscht Stille. Bald fällt eine Salve (da wo die Grube [am Haus] von Rudzinska ist). Wieder Stille, wieder eine Salve; die Zeit vergeht. Insgesamt 5 Salven. Ich höre einen Motor rattern. Ach so, das Anzeichen, dass [alles schon] beendet ist und dass sie zurückkommen. Bald passiert der Lastwagen den Übergang. Man sieht von hinten, wie die Litauer die Sachen der Verurteilten durchsehen.
Sie wurden nur mit wenig Erde bedeckt, sodass sich die Leiber der Ermordeten unter der dünnen Schicht des gelben Sandes deutlich abzeichneten. Die Grube war noch nicht voll, es fehlten vielleicht 2 oder 1,5 Meter bis zur Oberfläche. In Wilna sagte man, dass niemand erschossen würde, dass es nur zur Abschreckung geschrieben würde! Das ist nicht wahr![108]
Es wurde eingeführt, dass sich die Verurteilten im Auto ausziehen und nackt in den Tod gehen müssen.
Nach einer Weile kommen vom Stützpunkt 2 *Szaulisi*. Das Gespräch beginnt.
Es zeigt sich, dass sie auf polnische Rechtsanwälte und Ärzte schossen. Diese wurden, nachdem sie sich ausziehen mussten, paarweise erschossen. Sie bewahrten Fassung, weinten nicht, flehten nicht [um ihr Leben]. Sie nahmen voneinander Abschied und nachdem sie sich bekreuzigt hatten, gingen sie [in den Tod].
Fast alle Klamotten wurden weggebracht, es blieben u. a. Stiefel »elegante, lange Stiefel«, und noch einige Sachen – dies teilte mir ein *Szaulis* mit, der ein Neffe von Kulaskis aus Skorbuciany war. [Kulaskis] war ein Litauer, ein vertrauter Mann, ein ständiger Abnehmer der Sachen der Ermordeten, dessen Bruder sich an Erschießungen beteiligte.

17. September, Freitag

Zehn Geiseln. Einige *Szaulisi*, die zur Wachablösung kamen, erzählen ständig, dass sich die Geiseln und überhaupt alle Polen sehr wacker halten. Sie weinen nicht so wie die Juden, die sich zu Boden werfen und die Füße ihrer Henker küssen und um ihr Leben flehen.

108 Diese Sätze schrieb Sakowicz an den Rand der Zeitung »Goniec Codzienny«. Womöglich wollte er damit diesen Bericht kommentieren.

19. September, Sonntag

Zylis hatte heute Dienst im Bahnwärterhäuschen – ein Pole mit einem litauischen Nachnamen. Ein sehr sympathischer Mensch. Obwohl er ziemlich viel Zeit hatte, sich an den Anblick der blutigen Morde zu gewöhnen, ergreift ihn bis heute der Anblick der Opfer, die hierher gebracht und erschossen werden. Wenn er auf die herumlungernden *Szaulisi* schaut, verraten ihn seine Augen – unermesslicher Hass und Verachtung gegenüber diesen Mördern und Henkern. Als ich mich mit Zylis traf, war im Bahnwärterhäuschen ein *Szaulis* Chozanda oder Chozandas (derselbe, der die nach Wilna fahrenden Fuhrwerke plünderte, und dabei mit Erfolg so tat, als sei er kein Litauer sondern ein Deutscher). Behilflich waren ihm dabei nicht nur die deutsche Uniform (der Gestapo), sondern auch die Kenntnisse der deutschen Sprache. Deshalb kam es zu ganz lustigen Vorkommnissen. Man muss eben wissen, dass Chozanda alle [Leute] beraubte; ausnahmslos und skrupellos bestahl er seine litauischen Landsleute.

Einmal stand er am Übergang und hielt ein Fuhrwerk an, in dem von Olkieniki 2 Litauer und eine Litauerin fuhren. Chozanda durchsuchte das Fuhrwerk und zur Abschreckung schrie er von Zeit zu Zeit etwas auf Deutsch. Die Litauerin glaubte ihm, dass er ein Deutscher wäre, und sagte zu ihren Mitfahrern auf Litauisch: »Was passiert, wenn der ›Deutsche‹ sich für meine Leibesfülle interessieren wird und unter dem Schafspelz lauter Speckseiten findet?« Ein Litauer (vielleicht ihr Mann?) antwortete ihr, dass sie sitzen und schweigen sollte. Der »Deutsche« setzte die Durchsuchung der Fuhre fort und schließlich hieß er die Frau aussteigen. Während Chozanda sie ungeniert befummelte, fand er den Speck.

Derselbe Mensch stahl im Juli einem Bauern u. a. 40 Liter von Selbstgebranntem. Und heute verschreckte er sogar den Hund im Stützpunkt, der die frisch Ermordeten ausgrub.

Das Verschrecken [des Hundes] war ein Zufall. Chozanda schoss auf eine Krähe, die auf einem Baum an der Grube saß und der Knall scheuchte den Hund aus der Grube auf.

22. September, Mittwoch

Heute abend, gegen 6 Uhr kam Tretjakas, [oder] Tretiak, Tretiuk ums Leben.[109] Er war eine berüchtigte Person, er wohnte zusammen mit seiner

109 Da dieser Mann in der Region bekannt und berüchtigt war, gibt Sakowicz seinen Namen in mehreren Sprachen an. Lit.: Tretjakas; russ.: Tretiak; weißr.: Tretiuk.

Geliebten im Dorf Czarnobyl. Er war ein ziemlich massiger Mann, mit schwarzem Bart und deshalb wurde er »Bärtiger« genannt. Zuerst war er Forstgehilfe in Goby und Schützling des örtlichen Försters, eines Litauers. In dieser Zeit [in der Zeit seines Dienstes] quälte er die Bevölkerung aus der Umgegend furchtbar. Er wusste, dass sie [die Bevölkerung] bei den litauischen Behörden keine Beschwerden einreichen würden, weil der Förster sich für ihn [Tretjakas] einsetzen würde. Tretjakas misshandelte die im Wald ertappten Leute, auch die, die kein Holz [stehlen wollten]. Später lief er zur Geheimen Staatspolizei, d. h. zur litauischen Gestapo über. Das war für die Leute sogar noch schlimmer. Der »Bärtige«, der mit einer Einheimischen zusammenlebte, kannte alle Geheimnisse der umliegenden Dörfer. Er wusste also, wer »Schnaps brennt«, wer wie viel Geld besaß, wer eine Auseinandersetzung mit der Behörde hatte usw. Dieses Wissen nutzte er zu seinen Gunsten aus.

Der ertappte Schwarzbrenner musste nicht nur seine ganze Produktion abliefern, sondern auch regelmäßig Schutzgeld zahlen. Es gab viele solcher Hersteller, also war auch das Schutzgeld beträchtlich. Als die Todesstrafe für das Schwarzbrennen eingeführt wurde, stiegen die Schutzgelder. [Die Leute] zahlten mehr, um ihr Leben zu retten. Schlachtete jemand ein Schwein, musste auch er Schutzgeld bezahlen, das oft höher war als der Wert des Tieres. Immerhin gab es eine Verordnung, die Schweineschlachten verbot.

Außerdem versteckte er einige reiche Juden bei Bauern. Er teilte einfach einem Dörfler 2–3 Juden zu, und dann strich er regelmäßig deren Geld ein. Als das Geld verbraucht war, erschien Tretiak mit einem Gewehr und nahm die Juden mit, die danach nie mehr gesehen wurden. Manche Leute sagten, dass er sie [die Juden] zum »Stützpunkt« nach Ponary verschleppte, andere behaupteten, dass er mit ihnen in den Wald ginge, aus dem er nach einiger Zeit alleine wieder herauskäme. Einige Juden (aus der Gegend), die unter der »Obhut« des »Bärtigen« standen, wussten sicherlich [über die Vorgänge] Bescheid, ahnten vielleicht, welche Gefahr ihnen drohte. Auf jeden Fall, als Trzeciak[110] mit [dem] Gewehr kam [und sie holen wollte], waren sie schon weg. Sie versteckten sich im Wald, und bald schlossen sie sich einer Bande an.

110 Die polnische Form von Tretjakas (Tretiak).

Und es begann die Jagd auf Tretiak, der sich davon nicht abschrecken ließ, sondern gut bewaffnet weiterhin sein Unwesen in der Gegend trieb. Die aus Bolschewiken und Juden bestehenden »Partisanen«[-Gruppen][111] drangen ein paar mal nachts in seine Wohnung ein, aber sie trafen ihn nicht an. Endlich, am Mittwoch, dem 22. September, als die Leute noch auf dem Feld arbeiteten, stürmte die Bande, mit einem als litauischer Polizist verkleideten Bolschewiken an der Spitze, sein Haus und mit dem Ausruf: »Erwischt, du Schuft«, nahmen sie Tretiak mit sich. Sie brachten ihn 3–4 km vom Dorf weg und erschossen ihn unterwegs. Seine Leiche lag 2 Tage lang neben dem Weg, bis seine Familie sie abholte. Aber es entstanden neue Komplikationen. Die Gefährtin von Tretiak legte ein Zeugnis ab und beschuldigte Einheimische der Mittäterschaft. Aus Furcht davor, dass die Deutschen alle Einwohner des Dorfs Czarnobyl verschleppen und das Dorf verbrennen würden, brachten die [Bauern] ihr ganzes Hab und Gut in andere Dörfer. Nach einigen Tagen kamen einige von ihnen zurück. Die Polizei nahm zahlreiche Verhaftungen vor. Was wird weiter – niemand weiß es.

Die Gefährtin von Tretiak versteckt sich ebenfalls, da sie die Banditen fürchtet, die nachts nach ihr suchen. Die Bevölkerung will sich retten, indem sie eine Mitteilung an die Behörde schreibt. Hier wird Tretiak nicht als Ordnungshüter, sondern als einfacher Bandit dargestellt. Vorgebracht werden auch die Vorkommnisse mit den Juden, die von ihm versteckt und dann ermordet wurden. Es wurden auch andere Fälle, z. B. von Mord, Bestechungen usw. öffentlich gemacht. Bei dieser Gelegenheit kamen auch noch andere Dinge ans Tageslicht. Einige einheimische Mädchen wollten sich vor der Zwangsarbeit in Deutschland retten und gaben ihre Personalausweise einigen Jüdinnen. Diese arbeiten jetzt unter deren Namen in Deutschland und retteten auf diese Weise ihr Leben.

Auf jeden Fall herrscht immer noch allgemeine Aufregung, obwohl Tretiak nicht mehr lebt.

111 Die in Wilna gegründete jüdische Untergrundorganisation F. P. O. (Fareinikte Partisaner Organisatzije) leistete ab 1942 innerhalb und außerhalb des Ghettos Widerstand gegen die deutschen Besatzer. Da eine Verteidigung des jüdischen Wohngebiets nicht möglich war, errichteten die Partisanen im Sommer 1943, noch vor Liquidierung des Ghettos, einen ersten Stützpunkt im Narocz-Wald. Die letzten Mitglieder der F. P. O. flüchteten am 23. September 1943 durch die Kanalisation aus dem Ghetto. Die jüdischen Kämpfer schlossen sich der sowjetischen Partisanenbewegung im Rudniki-Wald an und beteiligten sich an der Befreiung Wilnas. Vgl. Ainsztein, Jüdischer Widerstand im deutschbesetzten Osteuropa, S. 236–256.

24. September, Freitag
Heute gegen 10 Uhr morgens kam ein Bus und hielt bei der Grube bei [dem Haus von] Rudzinska an (dort, wo die Geiseln getötet wurden). Die Litauer beschleunigten mit Gewehrkolben das Ausziehen der Opfer bis auf die Unterwäsche, danach trieben sie sie zur Grube und schossen von oben. Diese ziemlich chaotische Schießerei, an der ein Deutscher mit einem Revolver beteiligt war, dauerte nicht lange. Bald fuhr der Bus ab, wobei ein Teil der *Szaulisi* blieb. Das bedeutete, es werden noch mehr Opfer kommen. Es ist bemerkenswert, dass man die erste Gruppe der Ermordeten nicht mit Erde zugedeckt hatte, während man auf den zweiten Bus wartete. Als der zweite Bus eintraf, kamen aus dem Bus ziemlich viele jüdische Kinder und einige Männer heraus. Die Kinder zogen sich aus, die Weinenden wurden von den Litauern mit Ruten zum Schweigen gebracht. Währenddessen warfen die Männer Leichen zuerst aus dem Bus heraus und dann in die Grube.
Unter Geschrei und Hieben der Litauer begannen die Männer sich zu entkleiden. Dann wiederholte sich das, was vorher stattgefunden hatte: Sie wurden in die Grube hineingetrieben und erschossen. Am späten Abend fuhr Kulaski (Kulaskas) die Sachen der ermordeten Opfer nach Skorbuciany. Als er mich erblickte, wie ich ihm entgegenkam, stieg er plötzlich vom Fahrrad ab und drehte sich um, unter dem Vorwand, sein Rad reparieren zu müssen. Ich tat so, als ob ich ihn nicht gesehen hätte.

25. September, Samstag
Heute in der Nacht fuhr durch Ponary [ein Zug] mit Juden zu einem mir unbekannten Ziel. Es ging das Gerücht, dass dieser Zug am Freitag auf einem Nebengleis in Wilna gestanden hätte. Man sagte sogar, dass »er als Reiseziel Ponary hatte«.
Deswegen fürchtete man [eine Wiederholung] des Massakers vom April. Aber diesmal war es nicht so. Der Zug fuhr weiter und hielt nur für eine kurze Weile vor der Brücke in Ludwinowo an. Als er durch Ponary fuhr, sprangen manche Juden und Jüdinnen aus den Waggons. Eine der Jüdinnen fiel dabei so unglücklich, dass sie sich beide Beine brach und auf dem Gleis liegen blieb. Sie wurde von den Deutschen gefunden, die um diese Uhrzeit verstärkt an den Gleisen patrouillierten, was mit der Explosion einer Mine bei den Tunnels zusammenhing. Dieselben Deutschen ergriffen noch drei Jüdinnen, denen es zwar gelungen war, aus den Waggons zu springen, die aber nicht sofort wussten, in welche Richtung sie laufen

sollten. Obwohl es dunkle Nacht war, fielen sie leider in die Hände der Deutschen.
Sie wurden in der Kaserne beim Tunnel eingesperrt. Man telefonierte mit Wilna und bekam den Befehl, die Gefangenen den Litauern im Stützpunkt zu übergeben. Die Litauer hielten dann ein auf der Landstraße fahrendes Fuhrwerk an, brachten es zur Kaserne, beluden es mit den Jüdinnen – und brachten diese zum Stützpunkt, wo sie ermordet wurden. Natürlich wurden sie vorher nackt ausgezogen, sogar die mit den gebrochenen Beinen. Unter den Litauern war Chozanda. Die Kleidungen wurden gegen selbst gebrannten Schnaps eingetauscht.

27. September, Montag

Ein Litauer vom Stützpunkt sagt, dass heute eine Gruppe zur Erschießung käme. Alle sitzen im Bahnwärterhäuschen. Gegen 10.30 morgens taucht ein Bus[112] auf, aber nicht derselbe wie gewöhnlich. Der neue Wagen hat eine Segeltuchplane, auf der in großen Buchstaben »Deutsche Reichsbahn« und die Nummer 15239 steht. Neben dem Chauffeur sitzt ein deutscher Eisenbahner, aber neben ihm bemerke ich zu meiner Verwunderung den Gestapo-Mann, der für gewöhnlich die Erschießungen leitet.
Der von hinten dicht abgedeckte Wagen fährt am Bahnwärterhäuschen vorbei und zum Stützpunkt, dann bleibt er vor dem Tor stehen. Aus dem Wagen springt ein Deutscher, öffnet das Tor, der Wagen fährt hinein, der Deutsche schließt das Tor ordentlich und ohne Eile. Danach steigt er ein und [der Wagen] fährt an die Grube. Die Gefangenen werden einzeln herausgeführt und an der Grube erschossen (so, wie auf der Zeichnung aus Katyn)[113]. Es wurden insgesamt 26 Schüsse abgegeben, dann innerhalb von 10–15 Minuten – wieder 7 einzelne Schüsse. Was das bedeutet, weiß ich nicht. Obwohl ich die Hinrichtung (vom Zaun aus) [an dem Haus von] Rudzinska beobachtete, [konnte ich nicht besonders gut sehen], da das Auto diesmal so ungünstig stand, dass nicht nur die Bäume, sondern das Auto selbst mir [die Sicht auf] die Erschießung der Verurteilten verdeck-

112 Aus den weiteren Sätzen kann man schließen, dass es sich um keinem Bus, sondern um ein Lastwagen handelte, der für die Personenbeförderung umgebaut worden war.

113 In der Nähe der Stadt Katyn wurden 1940 von den Sowjets 8 000 bis 10 000 polnische Offiziere erschossen. Bis zum Ende der 80er Jahre leugnete die sowjetische Regierung die Morde und lastete sie den Deutschen an. Gutman, Enzyklopädie des Holocaust, S. 1661 f.

ten. Angeblich waren das keine Juden, sondern Polen aus dem Gestapo-Gefängnis. Das Ganze dauerte eine Stunde.

29. September, Mittwoch

Heute kam ein Auto, schon wieder aus dem Gestapo-Gefängnis. Die Litauer sagen, dass es 25 Personen, überwiegend Polen, wären. Das Auto kam erst gegen 3 Uhr nachmittags an. Anscheinend wollte man durch die Änderung der Uhrzeit [um die normalerweise die Hinrichtungen stattfanden] sowie durch das andere Auto (Reichsbahn) [die Partisanen] irreführen. Immerhin waren die Partisanen in der Nähe, vor kurzem brannten sie in Wojdaty eine Fabrik nieder, ich glaube das war am 19. dieses Monats.

Oktober 1943

1. Oktober, Freitag

Heute ist der Festtag »Unsere liebe Frau vom Rosenkranz«[114] – von den Polen großartig gefeiert, die die Heilige Jungfrau Maria als Königin[115] verehren. Die Litauer und die Deutschen begingen dieses Fest mit Erschießungen in Ponary. In Labyrinthen, Kellern und anderen unterirdischen Bunkern des Wilnaer Ghettos wurde eine Anzahl der Juden entdeckt, die sich dort versteckt hatten, um ihr Leben zu retten. Sie wurden nach Ponary gebracht und erschossen. Es ist interessant, dass die Litauer aus der Gestapo, die die Erschießungen durchführten, zivile Kleidung trugen …, so wie zu Anfang 1941, als die Schützen keine Uniformen trugen. Man brachte 2 Lastwagen, mit jeweils 50 Personen. Man behielt das bekannte Vorgehen bei Erschießungen bei. Die Opfer mussten sich ausziehen und dann in die Grube gehen. Die *Szaulisi* schossen vom Rande [der Grube] aus, d. h. von oben. Die Methode hatte schreckliche Folgen, weil manche Opfer, um sich zu retten, sich tot stellten. Das rettete sie aber nicht, weil sie entweder unter dem Gewicht der Körper der Nachfolgenden erstickten oder anfingen sich zu bewegen und dann die *Szaulisi* [auf sie] schossen. Während einer Schießerei schrie eine Jüdin in der Grube aus Leibeskräften,

114 Offensichtlich hatte sich Sakowicz im Datum geirrt; das kirchliche Fest »Unsere liebe Frau vom Rosenkranz« wird seit 1913 immer am 7. Oktober gefeiert.

115 Seit dem 17. Jahrhundert wird Maria in Polen nicht als »Patrona Poloniae«, sondern als »Regina Poloniae« verehrt. 1656 erklärte König Johann II. Kasimir Maria zur Königin der Krone Polens.

so erzählte ein *Szaulis*: »Ihr könnt uns nicht erschießen, die Rache wird kommen!«
Am Abend trug Kulaskis einen Sack nach Skorubciany.
Der Aufschrei dieser Jüdin ließ bei den Henkern neue Vermutungen über die Anzahl der sich in den Wäldern versteckenden Juden aufkommen. Deshalb wurden, als das zweite Auto kam, 4 Juden am Leben gelassen und es wurde ihnen mitgeteilt, dass, wenn sie die Verstecke verrieten, man ihnen das Leben schenken würde. Die Juden wiesen dann auf irgendwelche Verstecke hin.

2. Oktober
Als ich nach Nowickiszki bei Ejszyszki fuhr, sah ich im [Rudniki-]Wald viele Patronenhülsen, die von einer Schießerei zwischen Bolschewiken und Deutschen stammten. Auf der Brücke über Mereczanka kam ein deutscher Offizier ums Leben. Er wurde im fahrenden Auto mit einem Schuss getötet. Die litauischen Wachposten auf der Brücke bei [dem Ort] Solcza flüchteten nach Ejszyszki, weil sie sich vor den Partisanen fürchteten. Das war eine große Erleichterung für die Schwarzhändler. Auch die Deutschen in Titiance fingen an, die Wände ihrer Baracke mit Erdwällen zu befestigen. Auf der Landstraße in Titiance und Poluknia wurden vor den Ortskommandanturen Schranken aufgestellt, man kontrolliert auch die Autos. So etwas gab es noch nicht.
Auf der Landstraße nach Grodno kam es am 16. und 17. September zu interessanten Ereignissen. Auf dieser Straße brannte in der Nacht die Brücke über den [Fluss] Luknia bei Madziuny ab. Interessant, dass keine Deutschen aus dem 2 Kilometer entfernten [Ort] Poluknia kamen. Sie haben Angst. Am 2. Oktober war die Bande bereits die zweite Nacht (am 1. und 2. Oktober) auf dem Raubzug, stahl Fuhrwerke und brachte sie in den Wald. Heute Nacht, am 2. Oktober, überfielen sie [die Dörfer] Pólstoki, Wojsiaty, Jacewicze, Podborze. Als sie die Zaniewskis (wohlhabende Bauernfamilie) aus Pólstoki plünderten, erkannte ein aus Puszkarnia stammendes Mädchen, das jetzt in Pólstoki arbeitet, einen der Banditen als ihren »guten« Bekannten, einen Litauer aus dem Dorf Kursze.
Als die Banditen auf den Hof hinausgingen, unterhielten sie sich miteinander auf Litauisch. Unter den Banditen waren auch Bolschewiken, die betonten »wir sind die aus dem Osten, wir nehmen bloß Essen – Brot und Speck weg –, und das ist alles«. Aber weswegen [nahmen sie] dann diese Kleidung, noch obendrein Damenkleidung oder andere Sachen, wie Ringe? So also rauben die Bolschewiken nur die Nahrung und sonst nichts!

4. Oktober, Montag

Gegen 10.30 morgens kam ein Lastwagen: Deutsche Reichsbahn, Nr. 5800 D. R. (dieser war noch nie hier gewesen), und ihm folgte eine Limousine [mit dem Kennzeichen] N71579–Pol.[116], mit dem Gestapo-Offizier – eine neue, schöne Limousine.

50 Opfer aus dem Ghetto wurden ausgeladen. Nachdem sie in die Grube hineingetrieben worden waren, erschoss man sie. Es stellte sich heraus, dass auch die 4 Juden, die die Verstecke verraten hatten, erschossen wurden. Um 11.30 fuhr man wieder nach Wilna. An diesem Tag wurden 3 Lastwagen [Menschen] erschossen, den vierten Lastwagen schaffte man nicht mehr.

Es erwies sich, dass die Methode, 4–5 Juden auszuwählen und ihnen vorläufig das Leben zu schenken, den Henkern gute Ergebnisse brachte. Angeblich, wie die *Szaulisi* behaupten, würde es [bald] unerwartet viel Arbeit geben. Am Abend gegen 7 Uhr war Kulaskis beim Bahnwärterhäuschen mit einem Sack auf dem Fahrrad und Kuczók feilschte [mit ihm] um die Sachen. An diesem Abend wurde so viel getrunken, dass Jankowski nicht mal die gegen 9.45 abends bei Wodziagi (ein Ort vor Landwarów) explodierende Mine hörte. In Ponary [herrscht] Angst, denn in der Nacht vom 3. auf den 4. dieses Monats [Oktober] gab es eine Explosion neben der *strategischen* [Landstraße].

6. Oktober, Mittwoch

Es gab einen Tag Pause, und heute [läuft] wieder [alles] mit verstärkter Geschwindigkeit, denn bis jetzt war es noch nie vorgekommen, dass Exekutionen bei Mondlicht stattgefunden hätten. Allerdings muss man feststellen, dass sich die Litauer im Falle der zum Tode verurteilten Juden als gute Psychologen erwiesen. Ihre Taktik, einige Judasse auszuwählen, die für die fragwürdige Chance, ihr Leben zu retten, die gut getarnten Verstecke ihrer Landsleute verrieten, [fruchtete].

Nachdem die Litauer die Wirksamkeit ihrer Taktik festgestellt hatten, trennten sie seitdem 3–4 Juden oder Jüdinnen von jedem Transport ab und erschossen vor ihren Augen andere [Opfer]. Als die Reihe an diese 3–4 Leute kam, wurde ihnen mitgeteilt: »Ihr werdet leben, aber ihr müsst uns ein Versteck verraten.« Hatte einer [von diesen ausgewählten Juden]

116 Die Abkürzung deutet womöglich auf ein Polizeifahrzeug hin.

ein Versteck gezeigt, wurde er zurück nach Wilna ins Ghetto gebracht, aber bald danach war er wieder zurück und wurde getötet. Gleichzeitig wurden [aus der Gruppe, mit der er zurückgebracht wurde] drei neue »Judasse« ausgewählt und so [lief es] immer wieder mit einem hervorragenden Ergebnis für die Henker, und einem fatalen für die »Judasse«. Im Allgemeinen nahm man an, dass die Massenhinrichtungen in Ponary beendet würden, da die übrig gebliebenen Juden nach Lettland und Estland verschleppt wurden und in Wilna nur die Juden blieben, die Fachkräfte waren und mit deren baldiger Erschießung man nicht rechnete.
Es kam aber anders, da man von neuen Verstecken der Juden erfuhr.
Heute war großer Betrieb im Stützpunkt. Es wurden rund 400 Juden, Jüdinnen und Kinder erschossen. Die Erschießung begann ziemlich spät, denn erst um 4 Uhr nachmittags kam der erste der riesigen Lastwagen der »Deutschen Reichsbahn«. Es sind enorm große Lastwagen, die bis jetzt auf dieser Todesstrecke nie verkehrten.
Anscheinend hat die Gestapo diese Wagen bei der Bahn angefordert. Insgesamt kamen an diesem Abend 8 Lastwagen mit Verurteilten, d. h. immer 2 Lastwagen mit Opfern auf einmal. Die Litauer machten Scherze darüber, dass man Juden, Jüdinnen und jüdische Kinder wie Kartoffeln aufeinander stapelte. Die Exekution dauerte bei Mondlicht bis nach 7 Uhr abends. Ein wunderschöner, ruhiger und warmer Abend.
Vor der Grube wurden sie [die Juden] entladen. Sie mussten sich ausziehen, und ganz nackt wurden sie in die Grube hineingetrieben und vom Rand aus erschossen.
In die Grube wurden jeweils 15–20 Personen hineingetrieben, sodass die nächsten Personen sahen, wie sie sterben würden. Es blieben viele Sachen der Ermordeten übrig und bereits seit dem Morgen dieses Tages warteten die »Kaufleute« am Bahnwärterhäuschen, allen voran der Waren-Inspekteur[117] Kulaskis aus Skorubciany.
Da die Hinrichtung bis zum Abend dauerte, konnte das Geschäft nicht am gleichen Tag abgeschlossen werden. Die gesamte Bande von Käufern und *Szaulisi* trank die ganze Nacht hindurch. Das Besäufnis findet jetzt in der Kaserne bei [dem Haus von] Rudzinska statt.
Ogórczonok fiel in Ungnade bei den Litauern, er musste heute seine Wohnung verlassen und nach Ponary umziehen.

117 Sakowicz verlieh Kulaskis ironischerweise den Titel »Waren-Inspekteur« – wie er auch die Leichenfledderer als »Kaufleute« bezeichnete.

Die Litauer sagen, dass die nackten Jüdinnen im Mondlicht komisch ausgesehen hätten und alle mutlos und furchtbar erschöpft gewesen seien. Heute, den ganzen Tag lang, verbrannte man im Stützpunkt Reste der im Wald verstreuten Kleidung. Ein furchtbarer Gestank der [verbrannten] Wolle [hing in der Luft].

7. Oktober, Donnerstag

Seit dem Morgen handelt man in der Nähe des Übergangs mit den Sachen der gestrigen Opfer. Man wartet schon auf neue. Sie kommen sicher, denn gestern verrieten »Judasse« neue Verstecke. Da die Juden in extra dafür vorbereiteten Verstecken sitzen, die sich oft hinter einer Wand im Keller befinden, muss man viel Zeit aufwenden, bevor man zu den Versteckten gelangt. Deswegen finden die Hinrichtungen nicht morgens, sondern nachmittags statt. Der erste Lastwagen und der offene Personenwagen [Kennzeichen] N35979, mit den Bonzen, der für gewöhnlich hinter dem Lastwagen fährt, kamen um 4 Uhr nachmittags.
(Achtung! Seit 2 Tagen, d. h. gestern und heute, wird nicht in der Grube bei [dem Haus von] Rudzinska geschossen, in der die Geiseln und Priester umgebracht wurden, sondern in den Gruben an der *strategischen* Landstraße. Von dieser Seite kommen auch die Wagen).
An diesem Tag kamen insgesamt 3 riesige Lastwagen der [Reichs-]Bahn hintereinander an. Es ist interessant, dass keine dichten Salven abgefeuert werden, sondern eher vereinzelte Gewehrschüsse. Dasselbe System wie gestern: [die Opfer wurden] ausgezogen und mit Gewehrkolben in die Grube hineingetrieben.
Sensation. 7. Oktober. Die Brücken, die im [Rudniki-]Wald über [die Flüsse] Merenczanka und Solcza führten, wo vorher der später geflohene litauische Wachposten stand, wurden niedergebrannt. Man sagt, dass Partisanen gesehen hätten, dass auf der Landstraße nach Wilna schwere Artillerie fuhr, und deshalb hätten sie es für notwendig gehalten, diese Verkehrsader durchzuschneiden, sie brannten also die Brücken ab, damit weitere Truppen die Straße nicht mehr benutzen konnten.

8. Oktober, Freitag

Heute waren 2 Lastwagen der Bahn hier; das Vorgehen bei den Erschießungen – wie gestern. In der Grube bei der *strategischen* Landstraße wurde geschossen; man fing damit gegen 2 Uhr nachmittags an. Die Gestapo-

Bonzen, d. h. 2 Offiziere und 4 litauische Zivilisten kamen mit der Limousine N 28693 an. Der Handel floriert.

6., 7. und 8. Oktober

3 Nächte nacheinander überfielen die Banditen das Dorf Strakiszki, die Bevölkerung weinte. Auch [andere Orte], wie St[are] Miedzyrzecze und N[owe] Miedzyrzecze, Pilalówka, Dobrowola, W[ielkie] Ligojnie und M[ale] Ligojnie wurden überfallen. Einige Dutzend Fuhrwerke fuhren in den Wald mit geraubtem Gut und mit der Nahrung.

10. Oktober

Anscheinend werden bei W[elki] Luki Kämpfe geführt. Es gibt viele Verletzte in den Zügen. Die Deutschen treten den Rückzug an. Sie transportieren von irgendwoher alles, sogar Bahnsignale, Flugzeuge.

11. Oktober, Montag

Die Taktik »Judasse« [einzusetzen] bringt gute Ergebnisse. Heute wurden wieder über 300 Juden umgebracht – aus insgesamt 8 riesigen Lastwagen der Reichsbahn. Diese ständigen, beinahe täglichen Erschießungen hatten zur Folge, dass die litauischen Händler mit dem »Waren-Inspekteur« Kulaskis aus Skorbuciany an der Spitze bereits dauernd, d. h. Tag und Nacht am Übergang standen. Sie tranken die Nächte durch, Kulaskis hält im Bahnwärterhäuschen einen Kanister mit Selbstgebranntem vorrätig. Nur die Zigaretten fehlen ihnen, für die sie 120 Rubel für 20 Stück bereit wären zu zahlen, Hauptsache, sie bekämen sie. Im Privathandel kosten 20 Zigaretten durchschnittlich 60 Rubel, also um die Hälfte weniger.
Zu der Vorgehensweise bei Hinrichtungen in Ponary gehört u. a., dass die Ermordeten durch die Litauer begraben werden. Übrigens kann man sich doch nicht vorstellen, die Deutschen würden diese »schmutzige« Arbeit selbst ausführen.
Also, die Litauer wollten möglichst wenig Erde für das Aufschütten verwenden, was nur dann möglich war, wenn nach der Erschießung eine verhältnismäßig ebene Fläche in der Grube blieb, d. h. die Opfer flach in der Grube lagen und keine [Leichen-]Berge bildeten, also, die Litauer wandten zu diesem Zweck eine neue Methode des Mordens an: Die Opfer wurden in die Grube hineingeführt und nachdem man sie an eine bestimmte Stelle hingestellt hatte, wurden sie erschossen.

Deshalb gab es auch bei ein paar [letzten] Erschießungen keine Salven mehr, sondern einzelne Gewehrschüsse, die sich mit den Schüssen abwechselten, die dem Erschießen der verletzten, noch nicht toten Opfer galten. Außerdem verhinderte das einzelne Hinausführen der Opfer aus dem Auto die Fluchtversuche, wodurch keine »unbequemen« Erschießungen außerhalb der Grube stattfanden, was zur Folge hätte, dass man die Leichen erst noch in die Grube schleppen müsste.
Wenn die Opfer transportiert wurden, begleitete sie die offene Limousine N 75659, in der Gestapo-Leute saßen, unter ihnen auch der mit einem Gewehr bewaffnete Chozanda bzw. Chazanda.

11. Oktober
Heute (in der Nacht) wurden 2 deutsche Baracken in Gobsta abgebrannt, das war die Arbeit von Bolschewiken. Im [Rudniki-]Wald ist es still. Die Streckenwärter flüchteten von ihrer Arbeit im Wald und verließen ihre Abschnitte. Eine ganze Strecke – 10 km durch den Wald wurde durch das Verbrennen der Brücke von der deutschen Welt abgeschnitten.

Der 12. Oktober, Dienstag
Es sieht so aus, als ob das »Ghetto« liquidiert wurde. Seit heute früh warten die *Szaulisi* auf die Juden, »die Schafspelze nähen« in der Lederfabrik »Kajlis«. Der Gestapo fehlt aber ein Wagen. Deswegen weiß man nicht, ob geschossen werden wird. Am Nachmittag war klar, dass es kein Auto geben würde. Also werden die [Juden], die Schafspelze nähen, heute nicht erschossen. Es wäre die erste Gruppe von Fachkräften [gewesen]. Ich bin gespannt, was mit Feigus[118] ist.
Sie sind sich sicher, dass sie als Facharbeiter vor dem Winter gebraucht werden.
[Aber] die Frontlinie wurde verkürzt, also benötigt man jetzt weniger Schafspelze.

118 Dr. Hilari Feigus – Arzt im Lager »Kailis«. Zusammen mit seiner Familie wurde er im Juli 1944 in Ponary umgebracht. Vgl. S. 18.

13. Oktober
Auf der Landstraße herrschte Angst: Neben dem Bahnübergang hielten 8 leere [Lastkraft-]Wagen mit Maschinengewehren und 2 Taxen[119] mit Gestapo-Offizieren, die vor der Station Ponary vorfuhren.
Man vermutete, dass es vielleicht zu einer Razzia in Ponary kommen würde, aber nein, [es war] nur eine Militärkolonne, die nach Grodno gefahren war, ohne zu wissen, dass es keine Brücken mehr gab. Sie kehrte jetzt also um.

Der 13. Oktober, Mittwoch
Vermerk zu dem, worüber ich früher mal schrieb.
Richtigstellung: Die einzelnen Schüsse, keine Salven, die schon seit Anfang des Monats andauern, werden aus folgenden Gründen abgegeben. Die Juden wissen bereits, was Ponary bedeutet. Sie wissen auch, dass ihr passives Benehmen im Stützpunkt der sichere Weg in den Tod ist.
Außerdem kehrten diese Juden, die in den vergangenen Monaten ihr Leben durch die Flucht retteten, meistens vom Stützpunkt ins Ghetto zurück. Nur wenige flohen in den Wald. Die, die es ins Ghetto zurück schafften, sind lebendige Beweise dafür, dass man sich in keiner auch noch so hoffnungslosen Situation den Henkern ergeben sollte. Als also nun ein Wagen zum Stützpunkt kommt und die Juden herausgeführt werden, und zwar nicht einzeln, wie z. B. die Polen, sondern alle zusammen, beginnen sie zu flüchten.
Die Litauer jagen sie, schießen; wo die Kugel einen trifft, liegt im Wald eine Leiche. Dann haben die Henker allerdings Schwierigkeiten, die Leichen in die Grube zu schleppen. Um das zu vermeiden, werden jetzt lediglich jeweils wenige Personen auf einmal aus dem Auto herausgeholt. Außerdem bietet das Herholen Einzelner die Möglichkeit, die Opfer an einer bestimmten Stelle der Grube zu platzieren, damit in der Grube keine Leichenberge an einer Stelle entstehen, was viel Arbeit beim Begraben verursacht. Wenn dagegen die Leichen gleichmäßig verteilt sind, ist nicht mehr viel Arbeit an der Grube nötig.
Die *Szaulisi* warten, denn es soll eine neue Gruppe kommen. Man weiß nicht viel darüber, aber anscheinend werden die kommen, »die Schafspelze nähen«. Die Händler warten auch. Sie werden nicht enttäuscht. Gegen 12 Uhr mittags kommt ein Lastwagen N 28693, dicht abgedeckt. Ihm folgt die Limousine N 72621–Pol.[120] Auf der Ladefläche des Lastwagens

119 Personenwagen, vgl. S. 82, Anmerkung 57.
120 Vermutlich ein Polizeifahrzeug.

sitzen die Litauer einer neben dem anderen. Sie sitzen mit dem Rücken nach außen gerichtet, sodass sie mit ihren Körpern die Opfer verdecken. Die Litauer sind [zum Teil] Polizisten in Uniformen, wie man sie auf den Straßen sieht, wie sie den Verkehr lenken, weitere Litauer sind in Gestapo-Uniform oder Zivilkleidung. In der Limousine fahren die Bonzen der Gestapo.
Es wurde in einer weiteren Grube geschossen, die näher an der *strategischen* Landstraße lag. Und überhaupt wird schon seit Anfang Oktober nicht mehr in der Grube bei [dem Haus von] Rudzinska, sondern in der bei der *strategischen* Landstraße geschossen, obwohl die Grube bei [dem Haus von] Rudzinska noch nicht ganz voll ist. Sie fahren jetzt, wie früher auch, über die *strategische* Landstraße.
Einzelne Schüsse. Nach 45 Minuten fahren die Autos nach Wilna zurück, dann kommen sie wieder, erneute Schüsse. Gegen 4 Uhr nachmittags – Ende.

14. Oktober, Donnerstag
Das erste Auto kam gegen 4 Uhr nachmittags, ein weiteres nach 5 Uhr. Es war schon dunkel, der Himmel war mit schweren Regenwolken bedeckt; heute also gibt es keinen Mond. Im Stützpunkt fallen einzelne Schüsse, dann wieder ein paar Schüsse hintereinander und, wie das Echo anzeigt, kommen diese Schüsse nicht von einer Stelle. Aha, ein Opfer flieht und wird gejagt.

15. Oktober, Freitag
Heute [kamen] wieder 2 Autos, das erste gegen 3 Uhr, das zweite gegen 5 Uhr nachmittags; [es fielen] einzelne Schüsse. Neben der Landstraße maß ich die Zeitabstände der Schüsse mit der Uhr. Innerhalb einer Minute fallen 3–4 Schüsse in unregelmäßigen Abständen. Nach diesen Schüssen, die innerhalb einer Minute fallen, gibt es 1–2-minütige Pausen, wie ich bemerkte, dann wieder 3–4 Schüsse und wieder 1–2 Min. Pause. Plötzlich hört man verstreute, häufige Schüsse, die sich entfernen: Aha, sie flüchten! Dann ist es 5–6 Minuten still und danach wieder einzelne Schüsse.

15. Oktober
Heute kam in Ponary ein Wagen mit Deutschen an. Sie quartierten sich bei fast jedem Bauern ein, wobei sie die besten Räume für sich beanspruchten

(»die Tänze der Jugend, die doch Spaß haben muss, sind also beendet?«). Es sind Einheiten, die zum Kampf gegen die Partisanen eingesetzt werden. Meist ältere Männer, sie husten und niesen. Sie kamen aus der Gegend bei Polock, sie waren auch bei Briansk, sie verfolgten die Partisanen bei Sarny, wo sie auch gezwungen waren, Giftgas einzusetzen. Meistens, wenn sie sich über Partisanen äußern, verheimlichen sie nicht, dass sie vor diesen Angst haben.
Die Deutschen spionieren überall usw. Man wohnt [in seinem eigenen Haus] und hat dicke Wände, aber es scheint, dass man in einem Drahtkäfig oder in einem Haus mit Glaswänden wohnt, sodass draußen jedermann sehen kann, was der Einwohner im eigenen Haus tut.
Auf dem Weg zum Stützpunkt liegt bei der Grube [am Haus] von Rudzinska ein mit weißen Sachen vollgestopfter Sack. Auf dem Boden, neben dem Sack [sind] weiße Sprenkel; es ist Unterwäsche, die zum Verkauf ansteht.

18. Oktober, Montag
Ich erwähnte bereits Stenka K., die mit der Kleidung der Opfer handelt. Sie eignete sich außerdem die Sachen von zwei jüdischen Familien an. Auch ist sie die Besitzerin der Vampir-Hündin »Mäuschen«. Die Frauen aus Ponary sagen, dass Stenka die Gottesstrafe ereilte. Vor einigen Tagen gebar sie einen Jungen. Heute früh hörten ihre Nachbarn ihr krampfartiges Weinen. Was war los? Es zeigte sich, dass der kleine Sohn von Stenka nicht mehr lebte. Zuerst gab es unterschiedliche Vermutungen, z. B. dass die Hündin den Säugling tot gebissen hat, später, dass man ihn erstickt hat usw. Einige Stunden später wurde es klar, dass der Bube von alleine erstickt war. Alle wiederholen, dass dieses Ereignis die Strafe Gottes sei.
Die *Szaulisi* erzählen, dass vergangene Woche über 20 Juden und Jüdinnen erschossen wurden. Diese versuchten ihr Leben zu retten, indem sie aus dem Ghetto flüchteten und sich im Gebäude in der Smolenskastraße bei den in der Pelzfabrik »Kajlis« eingestellten Juden versteckten.
Heute wurde wieder eine für die Erschießung bestimmte Gruppe gebracht, ein Lastwagen, es wurden 32 Einzelschüsse gezählt. Man erschoss sie [die Opfer] in den Gruben bei der *strategischen* Landstraße. In Ponary, d. h. im Wald, errichten die Deutschen Stacheldrahtzäune, um angeblich den Partisanen den leichten Zugang zum Gleis zu verwehren.

18. Oktober, Montag
Heute Nacht wurden in Nowosady Dr. Tatarul und seine Tochter umgebracht. Seine Frau wurde schwer verletzt und lag zwei Tage und Nächte ohne ärztliche Betreuung. Wer [die Leute] ermordete, weiß ich nicht.

Am Montag, 18. Oktober 1943 fand man im Wald bei Lukance den angeschossenen, im Sterben liegenden Blinów, der sich vor der Registrierung verstecken wollte und sich deshalb der Bande angeschlossen hatte. Am Mittwoch, 20. Oktober, hat die Bande das Haus von L. Zacharzewski in Lukance umstellt. Die Bande tötete eine zufällig dort weilende Frau aus Madziuny, setzte das Haus in Brand, in dem die Frau und ihre zwei Kleinkinder sowie die zwei Kleinkinder von L. Zacharzewski verbrannten. Während des Überfalls versteckten sich Zacharzewski und seine Frau im Stall und sahen alles mit an. Zacharzewski versteckt sich auch jetzt, weil er der Ermordung von Blinów verdächtigt wird.
Die Überfälle der Bande mehren sich. Es brannten 2 Garagen neben einer Kaserne in Gobsta ab, es verbrannte die letzte Baracke bei Gobsta, und die Terpentinfabrik bei Gobsta. Die Ortskommandantur erhielt eine schriftliche Mitteilung »aus dem Wald«, dass die Baracken in Poluknia abgebrannt werden würden. Die Ortskommandantur in Poluknia sowie die Polizei verschanzten sich hinter Schutzgräben, sie kommen auf die Landstraße nicht heraus.

Am Samstag, 23. Oktober, nachts und am Freitag, den 22. Oktober wurden alle Telefonmasten auf beiden Seiten der Strecke von Gobsta bis Ropieje durchgesägt, die Telekommunikation zwischen Ejszyszki, Olkieniki und Wilna wurde also unterbrochen.
Die Deutschen machen dauernd den Fehler, ihre Wagen auf die Straße nach Grodno zu lenken. Dann kehren sie aber um, weil die Brücke fehlt. Heute kam eine sehr lange Kolonne zurück. Chaos. Die Bauern schlagen im Wald am helllichten Tag Holz, sie arbeiten tagelang im Wald; und in den Dörfern schießen neue Gebäude mit schönen Dachschindeln wie Pilze aus der Erde.

23. Oktober, Samstag
Als ich auf dem Rückweg von Madziuny war, fand ich auf der Landstraße bei Gudelki [nach] (300 Meter) eine männliche Leiche. Ein Junge erzählte mir, dass dieser Mann vor 20–30 Minuten in Richtung Wilna ging. Plötzlich kamen zwei Radfahrer von Poluknia hergefahren, erschossen ihn und

fuhren ganz schnell zurück. Die Leiche hatte schon keine Schuhe mehr an. Ich traf die Radfahrer nicht mehr, also waren sie wohl in den Wald eingebogen.
Die Polizei kam, die Leiche befindet sich vorläufig in Gudelki. Man wartet auf die Ermittlungen.
Die Polizei fand in der Tasche einen Ausweis. Der Mann hieß Alexander Maczus aus Wilna. Er hatte 3 Herrenanzüge und einige Hemden an. Was war los? Vielleicht waren das Auseinandersetzungen unter den Leuten aus dem Wald?

25. Oktober, Montag
Gegen 9 Uhr morgens [gab es] plötzlich im Stützpunkt eine wilde Schießerei. Schnelle, chaotische Schüsse kamen nicht wie gewöhnlich von der Grube, sondern von unterschiedlichen Stellen des Waldes, sogar sehr nah vom Zaun. Die Kugeln pfiffen mehrmals über die Landstraße. Die Frauen, die Milch nach Ponary gebracht hatten, konnten nicht auf der Straße am Stützpunkt vorbeigehen, deswegen kehrten sie nach Ponary zurück. Da war dieses Auto auf dem Stützpunkt. Die Opfer flüchteten in verschiedene Richtungen. Wie es schien, rettete sich leider niemand. Wer die Leute waren, weiß ich nicht sicher, aber ich vermute, dass es Juden [waren], die übrig gebliebenen, die sich im Ghetto versteckten. Warum flüchteten sie nicht früher?

26. Oktober, Dienstag
Heute fand man wieder eine Leiche auf der Landstraße bei Ropieje. Den Mord begingen dieselben Radfahrer. Die Uhrzeit war dieselbe, d. h. gegen 4 Uhr nachmittags am helllichten Tag.

28. Oktober, Montag[121]
Heute war es wieder den ganzen Tag lang still, abgesehen von einzelnen Schüssen der betrunkenen *Szaulisi* im Stützpunkt und auf der Landstraße beim Bahnübergang. Und überhaupt hatten die *Szaulisi* Glück diesen Monat. An nur einem Tag – am 17. Oktober – raubten sie zwei Dörflern aus

121 Entweder irrte sich der Autor im Datum oder verwechselte den Wochentag.

Mamowo auf der Landstraße neben der Brücke bei Chazbijewicze 70 Liter selbst gebrannten Schnaps. Aus diesem Grund konnten sie bechern. Alle sind betrunken! Also werden auch die Hinrichtungen [von den *Szaulisi*] in betrunkenem Zustand durchgeführt.
Heute, bereits in der Dämmerung um 4 Uhr nachmittags, kam unerwartet ein Lastwagen mit überwiegend jüdischen Frauen und Kindern angefahren. In der Grube bei [dem Haus von] Rudzinska wurde geschossen. Die Verurteilten wurden bis auf die Unterwäsche ausgezogen. Zwei Jüdinnen in Unterwäsche (in Unterhemden) konnten wie durch ein Wunder davonlaufen. Eine wurde zufällig ergriffen, als sie auf die Landstraße lief. Wahrscheinlich hatte sie durch die grauenvollen Erlebnisse innerhalb der wenigen Stunden die Orientierung verloren. Sie ging also auf der Landstraße, ganz glücklich darüber, dass sie nicht mehr im Wagen saß. Ein Deutscher hielt diese komische Frau im Unterhemd an. Es erwies sich, dass sie eine junge Jüdin war. Er übergab sie den Litauern, und diese brachten sie um. Als die zweite Jüdin aus der Grube herauslief, ging sie ins erste vorgefundene Gebäude. Das waren die Kasernen am Bahnübergang, wo die *Szaulisi* zu sitzen pflegen. Sie ging herein und bat um Unterkunft für die Nacht. Sie traf auf einen *Szaulis* und damit war das Ende klar – Stützpunkt.
Ein Motorrad mit Anhänger kam zweimal hintereinander angefahren und brachte Jüdinnen. Sie lagen im Anhänger wie Fleisch und auf ihnen saß ein Litauer, als ob er auf Kissen sitzen würde. Was sollte das? Es zeigte sich, dass die Jüdinnen aus dem Fenster des Autos auf das [Straßen-]Pflaster gesprungen waren. In Dolna lagen zwei Jüdinnen mit gebrochenen Beinen. Sie alle wurden von [dem Litauer mit] dem Motorrad eingesammelt, die stöhnenden Frauen warf er wie Fleisch in den Anhänger. Weil es aber keinen Platz mehr gab, setzte sich [der Litauer] auf sie, denn sie sollten sowieso gleich erschossen werden. Im Stützpunkt [hörte man] die Schüsse, die den Verletzten den Tod brachten.

29. Oktober, Freitag

Im Winter 1942–1943 waren viele Juden mit dem Roden des Waldes im Bezirk Goby bei Czarnobyl beschäftigt. Die Arbeitsverhältnisse waren schrecklich, was eigentlich nicht verwundert, wenn man die Einstellung der Litauer und der Deutschen zu den Juden bedenkt. Selbstverständlich waren die Ernährungsbedingungen, die die Litauer und Deutschen bestimmten, sehr ungünstig. Trotzdem starben die Juden nicht vor Hunger und im Allgemeinen sahen sie gut aus. In erster Linie war dies den Bauern aus Goby zu verdanken, von denen die Juden zusätzliche Lebensmittel beka-

men. Sie verbargen ihre Dankbarkeit nicht und versicherten, dass »eine Zeit kommen wird, dass wir (Juden) uns an diese guten Beziehungen erinnern und sie großzügig vergelten werden«.
Als die Waldarbeiten zu Ende waren und den Juden (die nicht mehr gebraucht wurden) der Stützpunkt drohte, flüchteten sie mit Hilfe der Bauern aus Goby in den [Rudniki-]Wald. Seit diesem Zeitpunkt war ca. ein halbes Jahr vergangen. Am 28. Oktober nachts beraubte eine Bande den Landwirt Wiernakowicz aus Goby. Es wurden 3 Schweine, 7 Schafe, Kleidung, Unterwäsche, Mehl, Geschirr, Schuhe usw. weggebracht. Wer hatte das gemacht? Juden, die im Wald in Goby arbeiteten?

November 1943

3. November, Mittwoch

Nach einer längeren Pause kam wieder ein Auto voller Juden, meistens Kinder und Frauen. In der Grube bei [dem Haus von] Rudzinska wurde geschossen. Die Opfer mussten sich im Auto ausziehen und nackt in die Grube laufen. Die Litauer schossen dann von oben, wie auf Fasane. Neben der Grube steht jetzt ein Fass mit Chlorid. Die Erschossenen werden gleich [nach der Hinrichtung] mit Chlorid bestreut. Das Fass steht immer bereit. Die Schwerverletzten und andere, die sich tot stellten, werden natürlich auch mit Chlorid bestreut. Die Litauer sagen, dass die Juden in der Grube oft zu zucken anfangen, wenn man Chlorid auf sie schaufelt. Aber die, die »springen« bekommen keinen Fangschuss.

Donnerstag, den 4. November

Das Bahnwärterhäuschen ist voll: [Es sind dort] Kulaskis, die großen Freunde der *Szaulisi*; Sienkiewicz aus Chazbijewicze, dessen Vater zu Anfang der Erschießungen durch dieselben *Szaulisi* umgebracht worden war und noch andere. Es zeigt sich, dass die den Stützpunkt bewachenden Polizisten heimlich versteckte Waren verkaufen.
Eine Stunde später kommen vom Stützpunkt her 2 Polizisten und auf der Treppe [des Hauses] von Rudzinska legen sie die Herren- und Damenunterwäsche, einige Kleider und Kinderkleidung aus. Ich konnte das nicht mehr lange beobachten, weil ich fürchtete verdächtigt zu werden. Sie gucken mich sowieso misstrauisch an.

6. November, Samstag

Das ganze Dorf Goby, eigentlich die reicheren Bauern in Goby, wurden heute Nacht beinahe vollständig ausgeplündert. Sechs Fuhrwerke, die mit an Ort und Stelle geschlachteten Schweinen und Schafen sowie mit Kleidung und Schuhen usw. beladen waren, fuhren in Richtung [Rudniki]-Wald ab. Die Bande tauchte schon um 6 Uhr abends auf. Überdies wurden einige Landwirte brutal geschlagen, einige Hunde erschossen. Es ist interessant, dass die Bolschewiken, die nachts bei den Landwirten erschienen, schon zu Anfang erklärten, dass »sie auf Anordnung der sowjetischen Führungsorgane die sofortige Lieferung verlangen usw.«. Sie erwähnten dabei u. a. kleinere Sachen, wie z. B. Armbanduhren. Als der Landwirt zu erklären versuchte, dass er so etwas nicht besitze, wurde er sofort gefragt, wo die Silberuhr »Cyma« stecke.

Woher wissen sie es? Es ist ganz einfach: Die Anführer waren die Juden, die [damals] im Wald sägten; in aller Offenheit gingen sie nun zusammen [mit den Banditen]. 6 Pferde kehrten dann [zu den Besitzern] zurück.

Ich vergaß es: Bei Wierhanowicz wurden am 3. November 2 Fuhrwerke beladen. Einer der Juden sagte dem Wierhanowicz, dass das nächste Mal eine Kuh mitgenommen würde (er zeigte im Stall auf sie), deswegen solle sie fett werden. Ab jetzt füttert Wierhanowicz diese Kuh viel besser.

Literaturverzeichnis

Reuben **Ainsztein**, Jüdischer Widerstand im deutschbesetzten Osteuropa während des Zweiten Weltkrieges, Oldenburg 1993.

Elzbieta **Alabrudzinska**, Eksterminacja ludnosci zydowskiej w Ponarach (1941–1943) in: Studien und Skizzen zur Geschichte der Juden im Ostseeraum, Zenon Hubert Nowak (Hg.), Torun 1998. Die Ermordung der jüdischen Bevölkerung in Ponary, unveröffentlichte deutsche Übersetzung. Akte Ponary I, Archiv des Nürnberger Instituts für NS-Forschung (nurinst-archiv).

Yitzhak **Arad**, Ghetto in Flames. The Struggle and Destruction of the Jews in Vilna in the Holocaust, New York 1982.

Solomon **Atamuk**, Juden in Litauen, Konstanz 2000.

Wolfgang **Benz** (Hg.), Jahrbuch für Antisemitismusforschung 6, Frankfurt/M. 1997.

Wolfgang **Benz**/Hermann Graml/Hermann Weiß (Hg.), Enzyklopädie des Nationalsozialismus, München 1997.

Wolfgang **Benz**/Marion Neiss, Judenmord in Litauen, Berlin 1999.

Christopher **Browning**, Die Entfesselung der »Endlösung«. Nationalsozialistische Judenpolitik 1939–1942, München 2003.

Michael **Burleigh**, Die Zeit des Nationalsozialismus, Frankfurt/M. 2000.

Christina **Eckert**, Die Mordstätte Paneriai (Ponary) bei Vilnius, in: Vincas Bartusevicius u.a. (Hg.), Holocaust in Litauen. Krieg, Judenmorde und Kollaboration im Jahre 1941, Köln 2003.

Encyclopaedia Judaica, Band 1–17, Jerusalem 1996.

Christian **Gerlach**, Die Einsatzgruppe B 1941/42, in: Klein, Die Einsatzgruppen.

Daniel J. **Goldhagen**, Die katholische Kirche und der Holocaust, Berlin 2002.

Wassili **Grossman**/Ilja Ehrenburg, Das Schwarzbuch. Der Genozid an den sowjetischen Juden. Deutsche Ausgabe, herausgegeben von Arno Lustiger, Reinbek 1994.

Israel **Gutman** (Hg.), Enzyklopädie des Holocaust, Band 1–3, Berlin 1993.

Gideon **Hausner**, Die Vernichtung der Juden, München 1979.

Raul **Hilberg**, Die Vernichtung der europäischen Juden. Die Gesamtgeschichte des Holocaust, Westberlin 1982.

Ders., Täter, Opfer, Zuschauer, Frankfurt/M. 1992.

Rudolf **Höß**, Kommandant in Auschwitz, München 1979.

Eberhard **Jäckel**/Jürgen Rohwer (Hg.), Der Mord an den Juden im Zweiten Weltkrieg, Stuttgart. 1985.

Ernst **Klee**, Das Personenlexikon zum Dritten Reich, Frankfurt/M. 2003.

Ernst **Klee**/Willi Dreßen/Volker Rieß (Hg.), »Schöne Zeiten« – Judenmord aus der Sicht der Täter und Gaffer, Frankfurt/M. 1988.

Peter **Klein** (Hg.), Die Einsatzgruppen in der besetzten Sowjetunion 1941/42, Berlin 1997.

Rozka **Korczak**, Jüdische Kämpfer in den Wäldern von Rudniki/Litauen, in: Arno Lustiger, Zum Kampf auf Leben und Tod! Vom Widerstand der Juden 1933–1945, Köln 1994.

Helmut **Krausnick**/Hans-Heinrich Wilhelm, Die Truppe des Weltanschauungskrieges, Stuttgart 1981.

Helmut **Krausnick**, Die Einsatzgruppen vom Anschluß Österreichs bis zum Feldzug gegen die Sowjetunion, in: Krausnick/Wilhelm, Die Truppe des Weltanschauungskrieges.

Ders., Hitlers Einsatzgruppen. Die Truppen des Weltanschauungskrieges 1938–1942, Frankfurt/M. 1985.

Herman **Kruk**, Bibliothekar und Chronist im Ghetto Wilna, in: R. Dehmlow (Hg.), Laurentius Sonderheft – Von Menschen, Büchern und Bibliotheken, Hannover 1990.

Ders., Togbuch fun wilner geto, Nju-Jork 1961 (jiddisch).

Ders., The Last Days of the Jerusalem of Lithuania: Chronicles from the Vilna Ghetto and the Camps; 1939–1944, New Haven/London 2002.

Claude **Lanzmann**, Shoah, Düsseldorf 1986.

Jozef **Mackiewicz**, Der Stützpunkt Ponary, in: Benz/Neiss, Judenmord in Litauen.

Michael **MacQueen**, Massenvernichtung im Kontext: Täter und Voraussetzungen des Holocaust in Litauen, in: Benz/Neiss, Judenmord in Litauen.

Sara **Neshamit**, The History and Polemics of the Relation between the Jews and the Lithuanians during World War II, in: Yisrael Gutman/Gideon Greif (Hg.), The Historiography of the Holocaust Period, Jerusalem 1988.

Der **Nürnberger Prozess**. Amtlicher Text in deutscher Sprache, Bd. 1–24, Reichenbach 1994.

Helena **Pasierbska**, Wilenskie Ponary, Gdansk 1996.

Adalbert **Rückerl**, Die Strafverfolgung von NS-Verbrechen 1945–1978, Heidelberg 1979.

Ders., NS-Verbrechen vor Gericht, Heidelberg 1982.

Wolfgang **Scheffler**, Die Einsatzgruppe A 1941/42 in: Klein, Die Einsatzgruppen.

Stefan **Schreiner**, Wissenschaft auf Jiddisch – Eine Erinnerung an die Gründung des Yidisher Visnshaftlecher Institut (YIVO) vor 75 Jahren, in: Universitätsbibliothek Tübingen (Hg.), Wissenschaft des Ostjudentums, Ausstellungskatalog, Tübingen 2000.

Grigorij **Schur**, Die Juden von Wilna. Die Aufzeichnungen des Grigorij Schur 1941–1944, München 1999.

Knut **Stang**, Kollaboration und Massenmord. Die litauische Hilfspolizei, das Rollkommando Hamann und die Ermordung der litauischen Juden, Frankfurt/M. 1996.

Universität Amsterdam (Hg.), Justiz und NS-Verbrechen, Sammlung Deutscher Strafurteile wegen Nationalsozialistischer Tötungsverbrechen 1945–1966, Bd. VI, XVIII, XXIII, Amsterdam 1971.

Hans-Heinrich **Wilhelm**, Die Einsatzgruppe A der Sicherheitspolizei und des SD 1941/42, in: Krausnick/Wilhelm, Die Truppe des Weltanschauungskrieges.

Quellen

Archivbestände

Zentrale Stelle Ludwigsburg
207 AR-Z 14/58, Bd. III, IV, VIII
5 AR-Z 14/58, Bd. III
Ordner UdSSR, Bd. 108

Staatsarchiv Würzburg
Staatsanwaltschaft Würzburg, Akte 542

Hessisches Hauptstaatsarchiv Wiesbaden
JS-Register der Geschäftsstelle 4 (4 JS 1106/59), Abt. 461,
Zugang 84/2001, Nr. 32438

Zeitungen

Allgemeine Jüdische Wochenzeitung vom 7. Dezember 1973
Main-Post, Würzburg vom 2. Februar 1950
Nürnberger Nachrichten vom 4. Februar 1950

Die Zeit des Nationalsozialismus
Eine Buchreihe
Herausgegeben von Walter H. Pehle

»Die Reihe [...] belebt immer wieder die zeitgeschichtliche Diskussion« *Hans Mommsen*

Thema: Holocaust

Götz Aly
»Endlösung«
Völkerverschiebung
und der Mord an den
europäischen Juden
Band 14067

Ulrich Herbert, Karin Orth,
Christoph Dieckmann (Hg.)
Die nationalsozialistischen Konzentrationslager
Entwicklung und Struktur
Dokumentation
Band 15516

Ulrich Herbert (Hg.)
Nationalsozialistische Vernichtungspolitik 1939-1945
Neue Forschungen
und Kontroversen
Band 13772

Raul Hilberg
Die Vernichtung der europäischen Juden
Aus dem Amerikanischen
von Christian Seeger, Harry
Maor, Walle Bengs und
Wilfried Szepan
Band 24417

Raul Hilberg
Täter, Opfer, Zuschauer
Die Vernichtung der Juden
Aus dem Amerikanischen
von Hans Günter Holl
Band 13216

Hermann Langbein, Adalbert
Rückerl und Eugen Kogon (Hg.)
Nationalsozialistische Massentötungen durch Giftgas
Eine Dokumentation
Band 24353

Fischer Taschenbuch Verlag

fi 666 021 / 1 / a

Die Zeit des Nationalsozialismus
Eine Buchreihe
Herausgegeben von Walter H. Pehle

»Die Schwarze Reihe hat – wie keine andere Buchreihe – dazu beigetragen, daß wissenschaftliche Erkenntnisse und Analysen zur Geschichte der NS-Diktatur eine weite Verbreitung in der deutschen Öffentlichkeit gefunden haben.«
Ulrich Herbert

Thema: Der Zweite Weltkrieg

Wlodzimierz Borodziej
Der Warschauer Aufstand 1944
Band 16186

Wolfram Wette
Die Wehrmacht
Feindbilder, Vernichtungskrieg, Legenden
Band 15645

Wolfram Wette (Hg.)
Retter in Uniform
Handlungsspielräume im Vernichtungskrieg der Wehrmacht
Band 15221

Wolfram Wette (Hg.)
Zivilcourage
Empörte, Helfer und Retter aus Wehrmacht, Polizei und SS
Band 15852

Wolfram Wette und Gerd R. Ueberschär (Hg.)
Stalingrad
Mythos und Wirklichkeit einer Schlacht
Band 11097

Bianka Pietrow-Ennker (Hg.)
Präventivkrieg?
Der deutsche Angriff auf die Sowjetunion
Band 14497

Fischer Taschenbuch Verlag

fi 666 017 / 1